MAC MILLAN

COLECCION DE ECONOMIA

VICENS-VIVES

pra A. Cárdenas Molina

Directores de la colección: D. C. Rowan y G. R. Fisher

Director ejecutivo: D. W. Pearce

Director de la edición castellana: Luis Barbé Durán

TITULOS DE LA COLECCION

Publicados:

Miles Fleming: Teoría monetaria
D. W. Pearce: Análisis coste-beneficio
Frank J. B. Stilwell: Política económica regional

En preparación:

J. Burton: Inflación de salarios
E. R. Chang: Principios de contabilidad económica
G. Denton: Economía de la planificación indicativa
N. Gibson: Política monetaria
C. J. Hawkins: Teoría de la empresa
C. J. Hawkins y D. W. Pearce: La evaluación de las inversiones de capital
D. F. Heathfield: Funciones de producción
D. Jackson: La pobreza
P. N. Junankar: Funciones de inversión
J. E. King: Economía del trabajo
J. A. Kregel: Teoría del crecimiento económico
D. Mayston: La posibilidad de elecciones sociales
G. McKenzie: Teoría monetaria del comercio internacional
B. Morgan: Monetarismo *versus* Keynesianismo
S. K. Nath: Economía del bienestar
F. Pennance: Economía de la vivienda
M. Peston: Bienes públicos y sector público
Ch. K. Rowley: Economía anti-trust
D. Robertson: Política económica anti-trust
C. Sharp: Economía del transporte
G. K. Shaw: Política fiscal
R. Shone: Teoría pura del comercio internacional
P. Simmons: Teoría de la demanda
M. Stabler: Economía de la agricultura
M. Townsend: La teoría cuantitativa del dinero
J. Vaizey: Economía de la educación
P. A. Victor: Economía de la polución
G. Walshe: La reforma monetaria internacional
R. E. Weintraub: Teoría del equilibrio general
J. Wiseman: Problemas de fijación de precios en las industrias nacionalizadas

Nota a la Colección

El rápido crecimiento de la literatura en el campo de la economía plantea serios problemas tanto a los estudiantes como a los profesores de dicha materia. Estos últimos encuentran difícil mantenerse al día en más de unas pocas áreas de estudio, por lo que surge una tendencia inevitable hacia la especialización. El estudiante pierde rápidamente perspectiva tan pronto como el amasijo de teorías y modelos crece y la disciplina asimila un número creciente de técnicas cuantitativas.

«Macmillan Studies in Economics» es una nueva serie que pretende suministrar al estudiante breves y razonablemente críticos surveys *de los desarrollos habidos en las distintas áreas especializadas de economía teórica y aplicada. Al mismo tiempo, estos estudios pretenden formar una serie articulada, de modo que, vistos en conjunto, ofrezcan una visión conjunta y equilibrada de la materia de la economía. En cada estudio se pone énfasis en el trabajo reciente, aunque cada tema se situará generalmente en un contexto histórico para que el lector pueda captar el desarrollo lógico del pensamiento a través del tiempo. Para guiar a los lectores hacia trabajos más extensos, se ofrecen bibliografías seleccionadas. Cada estudio intenta dar un breve tratamiento a los problemas sobresalientes, con objeto de evitar en-*

mascarar las conclusiones con argumentos detallados. Pese a ello, los textos son, en gran manera, autocontenidos, suponiéndose que el estudiante tiene sólo cierto conocimiento de microeconomía y macroeconomía elementales.

Se ha adoptado la forma matemática de exposición sólo cuando ha sido necesaria. Algunos de los desarrollos recientes en economía no son inteligibles sin ciertas matemáticas y estadística, y los enfoques cuantitativos sirven también para abreviar lo que de otra manera serían argumentaciones extensas y penosas. Allí donde los autores han considerado necesario introducir técnicas matemáticas, estas técnicas se han mantenido a un nivel mínimo. El acento se pone sobre la economía, y no sobre los métodos cuantitativos. Estudios posteriores en la serie se dedicarán a los nexos entre los métodos cuantitativos, en particular econométricos, y el análisis económico.

POLITICA ECONOMICA REGIONAL

Frank J. B. Stilwell

Profesor de Economía. Universidad de Sidney

Traducción de:

M. Valls Maqueda

Revisión de:

J. Angelet Cladellas

Título original:
REGIONAL ECONOMIC POLICY

Primera edición, 1973
ISBN: 84 316 1377-7
Depósito Legal: B. 17545 - 1973
N.º de orden V.V.: A-282
IMPRESO EN ESPAÑA
PRINTED IN SPAIN
Editado por Editorial VICENS-VIVES. Avda. de Sarriá, 132 - Barcelona-17
Impreso por Gráficas Diamante, Zamora, 83. Barcelona-5. Abril, 1973

El Autor

Frank J. B. Stilwell es un joven economista de nacionalidad inglesa.

Entre 1965 y 1968 llevó a cabo una importante labor de investigación en la Universidad inglesa de Reading y desde 1968 a 1970 fue Profesor de la misma Universidad. Desde esta última fecha se halla desarrollando su labor docente en el Departamento de Economía de la Universidad de Sydney, Australia.

Ha publicado diversos artículos en revistas especializadas de Economía, como *Business Ratios, Urban Studies, Regional Studies* y *Regional and Urban Economics.*

Prólogo

La política regional es un campo pragmático de estudio. En nuestra vida corriente, estamos rodeados de problemas de localización y las autoridades públicas hacen frente a las demandas periódicas concernientes a la distribución espacial de los recursos. A veces los problemas implican la explotación de nuevas oportunidades, tal como la apertura de un nuevo mercado regional; a veces (lo que es más importante desde un punto de vista social) implican la solución de problemas existentes, tal como el desempleo localizado y la congestión metropolitana. De cualquier forma, un entendimiento del aspecto espacial de los sistemas económicos es un requisito previo para tomar una decisión responsable. Este ensayo trata de algunos de los aspectos más importantes.

Creo que el tema de la política regional requiere más atención por parte de los académicos y de los políticos. Incluso un conocimiento elemental de los aspectos espaciales de un sistema de precios revela una tendencia sistemática hacia una distribución no-óptima de los recursos. Cuanto más se estudia el tema, más llega a ser evidente que la sistematización de la política pública es necesaria. Consideraciones de eficiencia y de equidad piden esta intervención en las operaciones de mercado. La principal cuestión está en la forma en que esta intervención debe ser hecha.

Estoy agradecido al profesor John Dunning de la Universidad de Reading, por estimular mi interés en este campo de estudio y a Manfred Streit (Universidad de Reading), Tony Thirlwall (Universidad de Kent), Gavan Butler (Universidad de Sydney) y David Pearce (Universidad de Southampton), por sus comentarios sobre el presente ensayo. Espero que el resultado sea el de estimular más la discusión, mejorar el nivel del debate y, por último, conseguir que las políticas sociales sean más sistemáticas.

F. J. B. S.

Indice

Capítulo 1

La necesidad de una Política Regional

LAS DESIGUALDADES REGIONALES: ASPECTOS ECONOMICOS, POLITICOS Y SOCIALES

Las desigualdades regionales existen bajo muchas formas: desigualdad en las oportunidades sociales (por ejemplo, ver la ópera o las obras teatrales, obtener buenos servicios sanitarios, mejor educación o una amplia posibilidad de elección de pareja para el matrimonio), desigualdad en las oportunidades políticas (por ejemplo, en el sentido de listas electorales desiguales en los distintos distritos) y una desigualdad en las oportunidades económicas (por ejemplo, obtener un empleo interesante o un salario real igual al pagado por el mismo trabajo en otra área).

Tales desigualdades son universales, pero no constituyen por sí mismas un caso de política regional. Es necesario preguntar si las desigualdades constituyen *problemas* y, si es así, si su solución requiere una *intervención* específica. La primera cuestión puede estimarse con referencia a cualquiera de las normas o *standards* de equidad o de eficiencia (Esta importante distinción será tratada frecuentemente en análisis subsiguientes; la definición más general del concepto de eficiencia se hace en términos de maximización del bienestar social para una determinada distribución de la renta —no necesariamente sinónima con una determinada medición del producto, como veremos más adelante—, mientras que la equidad está relacionada con la igualdad en la distribución de la renta). Por definición, la desigualdad es un problema, si los *standards* de igualdad son absolutos, pero normalmente estamos preparados para aceptar o al menos no tener en cuenta, desigualdades hasta un cierto nivel. La dificultad está en formar un consenso que precise dónde está este nivel. La relación entre desigualdad y eficiencia es todavía menos clara. Por ejemplo, la desigualdad en los niveles de desempleo regional es normalmente incompatible con la máxima eficiencia en el uso de los recursos, pero no existe *necesariamente* ningún conflicto con la creciente eficiencia de los recursos. Así, desigualdad e ineficiencia no son necesariamente compatibles o incompatibles. Para añadir una complicación más, deberíamos observar que los objetivos de eficiencia y de igualdad por sí mismos pueden estar en conflicto. Las ramificaciones de esto se consideran más adelante; por el momento es suficiente observar que este conflicto potencial significa que considerar las desigualdades regionales como un problema referente al criterio de eficiencia o al de igualdad es inadecuado. Para el establecimiento de una hipótesis de política regional, se requiere que ambos sean considerados.

Aunque pueda demostrarse que las desigualdades constituyen un problema, debemos demostrar además que no se corrigen por sí mismas, antes de que tengamos un argumento para intervenir. Es necesario mostrar que las fuerzas del mercado libre no operan para eliminar el problema o que no lo hacen con la adecuada velocidad. Así, la justificación de una política regional, predominantemente en economías de mercado, descansa en amplia proporción sobre las perfecciones de los mecanismos de mercado que operan en un sistema espacial.

Sin embargo, no resulta de ello que las políticas apropiadas deben concebirse únicamente como lubricante de los mecanismos de mercado. Los objetivos políticos y sociales pueden imponer severas restricciones. Por ejemplo considérese la política de reducción de las diferencias de desempleo regional, a base de animar la movilidad de trabajo interregional, lo que supone un intento de componer la política regional en términos de reducir las imperfecciones del mercado. Pero tal política puede imponer como costes sociales la separación entre miembros de una misma familia: los dictámenes de eficiencia económica pretenden que parte de la familia se mueva para obtener empleo. ¡Si esta separación se considera indeseable, es porque reputamos la cohesión del grupo familiar más como un objetivo que como una imperfección deplorable del mercado! En segundo lugar, considérense unos medios alternativos que sirvan de lubricante: una legislación contra el proceso de negociación de salarios a escala nacional. Como veremos más adelante, esto permite al mercado operar más suavemente, asegurando que las diferencias de salarios regionales reflejan diferencias en la demanda local y en la oferta de trabajo. Sin embargo, ello significa que los trabajadores en algunas regiones deberán hacer frente a reducciones en los salarios. Las consecuencias sociales —y su reflejo en los votos en las siguientes elecciones— deben ser suficientes para desanimar al Gobierno de llevar a cabo tal política.

Es esta interdependencia entre los aspectos económicos, políticos y sociales, la que confiere al estudio de la economía regional, gran parte de su fascinación así como de su complejidad. También de ello se deriva la amplia variedad de estilos adoptados por los escritores en este campo, desde modelos matemáticos hasta polémicas políticas. La fusión de estos enfoques en uno coherente para la política regional es la tarea central con la que vamos a enfrentarnos.

ENFOQUES ALTERNATIVOS DE LA POLITICA ECONOMICA REGIONAL

El enfoque más ambicioso para formular la política regional es el de entenderla como el establecimiento de un marco espacial para el desarrollo nacional. Así, la responsabilidad del Gobierno estriba en el establecimiento de los controles, incentivos, etc., que sean necesarios para asegurar que la distribución espacial del crecimiento económico se desarrolle de acuerdo con los objetivos específicos de equidad y eficiencia. Es cuestión de asegurar que la armonía entre el equilibrio y los estados óptimos se mantenga durante los distintos estadios de crecimiento nacional.

El adecuado énfasis de la política regional varía con las fases de desarrollo. Friedmann sugiere que hay cuatro fases: preindustrial, de transición, industrial y postindustrial (60). Las sociedades preindustriales, tales como Burma, Camboya o Afganistán, necesitan poner menos atención en los aspectos regionales. El acento de la política económica en tales estadios debería ponerse normalmente en el mejoramiento de la educación, la salud, la organización agrícola y el transporte, necesarios para iniciar el proceso de desarrollo industrial. Sin embargo, una vez empieza el despegue en el crecimiento industrial, la política regional llega a ser crucial. La transición de una economía rural a una industrial requiere cambios fundamentales en la organización espacial y normalmente la concentración de desarrollos industriales en centros de crecimiento resulta del intento de obtener los beneficios completos de las economías externas. Esto es lo que ha sido llamado la estructura «dualista» de las economías en desarrollo: un centro en crecimiento rápido e intenso y una periferia cuya economía está estancada o en declive. Ejemplos de ella se pueden encontrar en muchos países, incluyendo Brasil, India, Pakistán, México, Colombia y Venezuela, y a este respecto las investigaciones de Williamson sobre niveles de renta regional confirman que las desigualdades regionales son más extensas en los países en este estadio particular de desarrollo (64).

El estadio industrial está caracterizado en parte por los efectos de los problemas regionales del estadio transitorio y en parte por nuevas dificultades, tales como el problema de las áreas deprimidas. Así, la desgana o inhabilidad para asegurar una más equilibrada distribución regional de la industria mantiene a ciertas áreas a un nivel todavía relativamente subdesarrollado, mientras que otras sufren por causa de su excesiva dependencia de sectores industriales concretos, lo que se considera usualmente como un problema de excesiva especialización industrial por región. Ejemplos se pueden encontrar en muchos países de la Europa occidental, como Francia, Alemania Occidental, Italia y el Reino Unido. Finalmente, en lo que Friedman llama economías postindustriales existen problemas de congestión y renovación urbana. Así, en países como los Estados Unidos, el principal énfasis de la política regional gira en torno a la planificación urbana y el conflicto entre los dictámenes de la eficiencia económica privada y la calidad del medio ambiente. Esto está claramente reflejado en la naturaleza de los estudios regionales emprendidos en los Estados Unidos: el énfasis tiende a estar en los problemas de área local más bien que en los problemas de disposición de los recursos interregionales, que caracterizan más a la literatura europea. No es que los problemas de congestión urbana estén ausentes en cualquier otra parte; es que el énfasis relativo asignado a estos problemas depende del nivel de desarrollo económico obtenido.

Reconociendo que el carácter del problema regional cambia en esta secuencia claramente predecible, pueden arbitrarse medios tales que minimicen las dificultades en cada estadio. Así, en el estadio de transición debe irse con cuidado para evitar más tarde el problema de las áreas deprimidas, asegurando una diversificación adecuada de la industria por región. Semejantemente, resolviendo los problemas de las áreas deprimidas conviene claramente evitar aquellas soluciones con las cuales añadiremos problemas de congestión urbana en un estadio posterior. Esto es lo que se entiende por ver la política regional desde el punto de vista del desarrollo regional. El enfoque más típico, en cambio, es la solución «ad hoc» de los problemas regionales según van surgiendo (y obteniendo importancia política).

De la discusión precedente resulta que hay tres tipos importantes de problemas de áreas: subdesarrolladas, deprimidas y congestionadas.

Regiones subdesarrolladas existen en todas las naciones. Aun en un país densamente poblado como es el Reino Unido, hay amplias áreas, particularmente en Escocia, Gales y en el Sureste, que han logrado un crecimiento industrial muy pequeño. En otras partes de Europa tales regiones son aún más extensas. Las áreas más destacadas en este sentido son las del sur de Italia, el oeste y el suroeste de Francia, el norte de Suecia, Finlandia y Noruega, mucha de la tierra firme de Dinamarca y el este de Holanda. Alemania Occidental tiene varias regiones subdesarrolladas como Schleswig-Holstein, y las áreas cerca de la frontera con Alemania Oriental, cuyo desarrollo fue cortado por la separación de sus áreas de mercados naturales.

No se sigue de ello que la política regional debiera estar dirigida a canalizar la industria hacia estas regiones: pues sería inherentemente inadecuada por razones de topología, clima u otros factores locales. Una solución más apropiada debe ir, a través del estímulo, hacia otros sectores cuya prosperidad regional depende, típicamente de la agricultura y/o minería y/o turismo. Una tercera alternativa es alentar la emigración para que la región subsista relativamente subdesarrollada, quizá asumiendo la función de un parque nacional. Sin embargo, las fuerzas políticas, que sacan estos problemas a la luz, pueden actuar fuertemente contra la adopción de tal solución. Desde un punto de vista puramente económico, la elección de medidas políticas debería estar basada en una evaluación de la viabilidad a largo plazo de los distintos sectores de la economía regional (los sectores corrientemente establecidos y los que se introduzcan potencialmente). Si sólo se precisan subvenciones temporales, entonces los argumentos comunes de la «industria incipiente» son aplicables. Los argumentos para subsidios a largo plazo son más difíciles de establecer y dependen, en gran parte, de la evaluación de los costes sociales impuestos por el continuo desempleo y la emigración.

El segundo grupo de problemas regionales se puede encontrar también en muchas naciones desarrolladas y tienen cierta semejanza, especialmente en la Europa occidental. Estas áreas han sufrido el proceso de industrialización, pero revelan una pobre realización en términos de indicadores económicos: alto desempleo, baja tasa de actividad (la proporción de la población en edad de trabajar con empleo o registrada en situación de desempleo), bajos ingresos per cápita, etc. La base del problema está en el lento crecimiento de la demanda de mano de obra (en relación a su oferta) en tales regiones. Ejemplos ingleses se encuentran en el sur de Gales, Merseyside, Yorkshire y Humberside, en partes de Escocia y en la región Norte. En los demás países europeos, los ejemplos sobresalientes del período de posguerra han sido el Ruhr, área alemana (la cual ha mejorado considerablemente en los últimos años) y la parte valona de Bélgica. Para explicar el relativo estancamiento de tales regiones se han formulado dos hipótesis, la estructural y la locacional.

El enfoque estructural es el más tradicional: el lento crecimiento resulta de la desfavorable estructura económica de estas regiones y, en particular, de su dependencia por encima de la media de sectores industriales que tienen una demanda estática o decadente a nivel nacional. De aquí se alega, que la política debería concentrarse en la neutralización de esta desafortunada herencia, con medidas para «mejorar» la composición industrial en las regiones menos prósperas. El enfoque alternativo es que la pobre realización de estas regiones es el resultado de alguna desventaja endémica, tal como su localización periférica con respecto a los mayores mercados centrales. Como resultado, los sectores inherentes al crecimiento moderno no estarán atraídos por esas regiones, a menos que esas desventajas puedan eliminarse, o equilibrarse mejorando la infraestructura regional, particularmente las conexiones de transporte con otras regiones y ofreciendo otros incentivos más directos para la industria. McCrone analiza estas alternativas más profundamente y muestra que las dos hipótesis no están necesariamente en conflicto directo, esto es, que la pobre actuación económica de una región proviene a menudo de la unión que resulta de ambos efectos (55). Además, las dos políticas de «corrección de la composición industrial» y de «mejora de la infraestructura» deben ser sustituibles, al menos en un grado limitado. Las mejoras en la infraestructura deben conducir a incrementar la demanda de la mano de obra en regiones con una estructura industrial desfavorable, al tiempo que las regiones con desventajas locales y de otros tipos, deben beneficiarse de las políticas para favorecer a su composición industrial a la luz de las tendencias nacionales.

La distinción entre la desventaja estructural y la locacional es apropiada como primer paso para la disgregación de los problemas de las áreas. Requiere ser complementada con estudios de carácter microeconómico que apunten a las razones que subyacen en la pobre actuación de industrias concretas en regiones concretas.

La cuestión de las relaciones interindustriales e interregionales debe ser examinada de modo completo. La estructura más apropiada para cualquier región depende de sus interrelaciones entre ella y otras áreas. Hasta que no se conozca más de estas relaciones, poco puede decirse acerca del impacto agregado de los desarrollos concretos en regiones concretas. Aquí no hay sustitución posible para el análisis *input-output* interregional. Una introducción útil a esta técnica ha sido proporcionada por Walter Isard, «el padre de la ciencia regional» (42). Hay varios tipos del modelo input-output, usados en los análisis regionales, pero todos ellos implican valorar las relaciones comprador-vendedor entre los distintos sectores de la economía regional y las industrias de otras regiones. Esto hace posible determinar el impacto de cualquier cambio de la demanda final en los distintos sectores internos de la región. Así una tabla input-output, al describir la estructura existente en cada región, proporciona unos instrumentos de investigación cuya utilidad, en la prosperidad económica, puede conseguirse sin cambios estructurales fundamentales. La técnica adolece de un número de limitaciones bien conocidas, tal como el operar con coeficientes técnicos y regionales fijos, pero tiene la ventaja de tratar las regiones como economías abiertas más que cerradas.

El tercer grupo de problemas regionales son los que plantean las regiones que sufren de congestión. Es importante aclarar lo que se entiende por congestión: no es sinónimo de concentración de actividades en el espacio, sino que se refiere sólo a situaciones donde los incrementos marginales en la concentración suponen más deseconomías que economías. Isard ha indicado cómo el costo medio de los diferentes servicios urbanos (poder, educación, recogida de basuras, etc.) tenderá a conseguir su valor mínimo según las diferentes dimensiones urbanas y cómo, además, el costo per cápita en la provisión de servicios para el grupo tenderá primero a caer y luego a elevarse con el tamaño de la urbe (17). Esto implica que hay una dimensión óptima para la ciudad desde el punto de vista de minimizar los costos para proveer servicios urbanos (dependiendo del alcance concreto de los servicios proporcionados). De otra parte, centrándose en el lado de la demanda, Klaassen ha extendido el análisis al introducir el efecto del tamaño urbano en los ingresos per cápita (61). Se establece por hipótesis —no verificada empíricamente— que los ingresos medios se elevarán con la dimensión urbana, pero a una tasa decreciente. Esto significa que debe haber un nivel para el cual la diferencia entre el ingreso bruto per cápita y los costos de servicio per cápita es máxima (es decir para OA en la Fig. 1).

No hay una tendencia natural en la concentración para alcanzar este valor. Dado que las empresas y las unidades de consumo toman sus decisiones locales con base en los

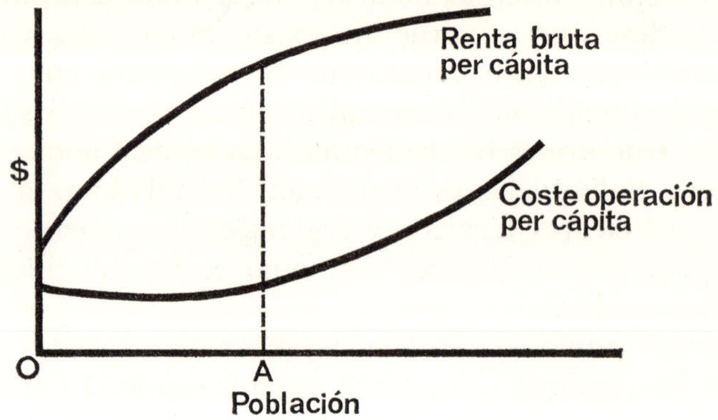

Fig. 1. Economías y diseconomías del tamaño urbano

costos y en los beneficios privados y no tienen razones para considerar los efectos externos de sus acciones, no hay un mecanismo que asegure la armonía entre el equilibrio y las dimensiones óptimas de las ciudades. El problema de los centros de decisiones políticas, para identificar este nivel óptimo y el trabajo empírico para computarlo no ha sido muy convincente. El análisis de Neutze sobre las ciudades australianas es el más interesante; su conclusión provisional ha sido que las ciudades con una población por debajo de los 200000 habitantes o por encima de un millón no cumplen las exigencias de máxima eficiencia (20).

El papel de la política regional en relación con las áreas congestionadas suele considerarse simplemente como el de apartar el crecimiento poblacional de las grandes ciudades a otras nuevas y/o extender pequeñas ciudades que ya existían. Los dos principales problemas parecerían ser el tamaño de esta nueva orientación y la interdependencia entre las áreas congestionadas y las deprimidas. La nueva orientación de la población y del empleo es ciertamente más fácil a escala local desviando el nuevo crecimiento hacia ciudades satélites más que hacia regiones distantes. Sin embargo, sus efectos económicos pueden ser menos deseables, porque el multiplicador y otros efectos secundarios de nuevos asentamientos pueden continuar dando lugar a presiones de crecimiento de los centros congestionados. Los efectos secundarios de nuevos asentamientos en las regiones distantes, por otro lado, ayudarán a la creación de «contrapesos» a los centros congestionados existentes. El segundo problema se refiere a la interdependencia entre regiones congestionadas y deprimidas. Frecuentemente las ciudades más extensas de estas últimas áreas tienen suficiente dimensión para ser consideradas como congestionadas, por ejemplo, Glasgow, Newcastle, Liverpool. En tales casos, la región como un todo necesitaría mayor proporción de nuevos desarrollos industriales, mientras que sus mayores ciudades requieren una descentralización. No hay necesariamente un conflicto aquí, sino únicamente decir que la coordinación es necesaria entre la política de región deprimida y la política planificada de uso del suelo más localizada; de otro modo el problema de la congestión no podrá reducirse con las nuevas localizaciones.

EL PAPEL DEL GOBIERNO

El argumento para una intervención radica en la inadecuación de las fuerzas de mercado de libre competencia. En un mundo económico «ideal», las fuerzas de mercado de libre competencia corrigen todos los desajustes a través del mecanismo de precios. Allí donde los recursos son relativamente escasos, sus precios se elevan y, como resultado, la demanda disminuye y la oferta aumenta. Inversamente, donde los recursos están infrautilizados, sus precios bajan, conduciendo a un incremento de la demanda y a un decremento de la oferta. El proceso continúa hasta que se obtiene el equilibrio en todos los mercados. ¿Cómo, entonces, puede justificarse la intervención? En parte, porque este mundo «ideal» no describe adecuadamente el mundo real y en parte porque, aún en el caso de que así lo hiciera, no deberíamos considerarlo «ideal» en el sentido normativo.

Primero, hay razones por las que el factor precios no refleja las relativas penurias de las diferentes regiones. El proceso de negociación de salarios a escala nacional, por ejemplo, puede conducir a una situación en la que el precio de un tipo particular de trabajo pueda elevarse en una región donde hay un exceso de oferta. Éste es el resultado de la transmisión desde otras regiones en las que se admite que el mismo grupo profesional hace frente a un exceso de demanda de reivindicaciones salariales. En segundo lugar, aún si las relativas penurias se reflejan en el factor precio, no se sigue de ello que los factores se vayan a mover libremente desde áreas donde el precio ofrecido es bajo hasta áreas donde el precio ofrecido sea alto. Hay muchas barreras sociales y psicológicas en la emigración interregional. Una de ellas ha sido ya mencionada: la incapacidad para separar una familia unida donde la emigración afectaría sólo a parte de la familia. En tales circunstancias, las fuerzas de mercado de libre competencia no cambiarán las diferencias de desempleo regional. En tercer lugar, está el punto obvio de que aún si las fuerzas de mercado estuvieran equilibradas a largo plazo, el período intermedio de ajuste debería considerarse como innecesariamente dificultoso. Como Nevin apunta, la política puede raramente permitir a sus horizontes extenderse hacia el infinito (5). «A largo plazo —para citar la única frase de Keynes, con la cual todo estudiante está de acuerdo— estaremos todos muertos».

Habiendo establecido un argumento de intervención a simple vista, es necesario especificar los objetivos perseguidos. Una breve y reconocidamente burda clasificación de los objetivos nacionales económicos es apropiada aquí. La distinción ampliamente usada, entre utilización, asignación y crecimiento de recursos, sugiere las siguientes consideraciones primarias:

(I) prevención de infrautilización de recursos;

(II) asegurar la asignación óptima de recursos entre los sectores;

(III) obtención de una tasa de crecimiento satisfactoria.

La primera de ellas es la aceptada más ampliamente, en especial en relación al desempleo de los recursos laborales. El segundo de los objetivos requiere una mayor elaboración. Nourse enumera las tres principales causas de divergencia del óptimo, tales como las externalidades, el monopolio y los bienes que no están sujetos al principio de exclusión (22) [1]. Toda esta cuestión de condiciones necesarias y suficientes para la eficiencia de la distribución, es compleja desde el punto de vista teórico. La afirmación más general que puede hacerse, es que donde hay una divergencia demostrable del óptimo, entonces el Gobierno tiene la responsabilidad de corregir el despilfarro de los recursos. El punto (III) requiere una explicación de lo que supone una tasa de crecimiento satisfactoria, que no es necesariamente sinónima de la máxima alcanzable. Mishan ha mostrado claramente cómo la persecución de un máximo tiene indeseables repercusiones en la distribución de recursos y en los objetivos no económicos (18).

La lista puede extenderse haciendo referencia a otros objetivos gubernamentales comúnmente citados:

(IV) prevención de inflación excesiva;

(V) evitación de desequilibrios persistentes de la balanza de pagos.

Fundamentalmente, estos últimos son medios para la obtención de los tres primeros objetivos: una alta tasa de inflación tiende a causar un déficit persistente en la balanza de pagos, lo que conduce a su vez a un desempleo por la vía de las políticas económicas internacionales deflacionarias. Ello a su vez tenderá a bajar la tasa alcanzable de

1. Para una referencia más completa del significado del principio de exclusión, véase M. Peston, *Public Goods and the Public Sector*, Studies in Economics (Macmillan, Londres, en preparación).

crecimiento económico lo que, dada una presión continua de población, puede más adelante ocasionar el problema de desempleo. Es debido a que la inflación y los objetivos de la balanza de pagos son secundarios desde el punto de vista de la eficiencia económica, por lo que es menos necesario especificar precisamente qué es lo que se entiende por «excesiva» inflación o por «persistente» desequilibrio de la balanza de pagos. Esto es importante para establecer objetivos a corto plazo, pero a largo plazo lo que es aceptable depende de la relación con los objetivos más fundamentales.

Pasando de los objetivos sobre la eficiencia a los objetivos sobre la equidad, podemos añadir como responsabilidad del Gobierno la que supone:

(VI) el establecimiento de una equidad razonable en la distribución de la renta.

Por supuesto, no existe un claro consenso sobre lo que significa «razonable» en este contexto. Además, esta equidad o igualdad objetiva está interrelacionada con consideraciones sobre la eficiencia; por ejemplo, la inflación es una causa de desigualdad, dado que coloca relativamente peor a los grupos sociales que viven de ingresos fijos, en particular los pensionistas. También, la equidad se relaciona con el crecimiento por vía de incentivo ofrecido al esfuerzo, aunque la correlación debe ser positiva o negativa, dependiendo de los valores relativos de los efectos de renta y sustitución en la elección entre renta y ocio.

La política regional puede entenderse como la aplicación de un marco espacial a la realización de estos objetivos. Su contribución potencial es doble: influyendo directamente sobre cada uno de los objetivos de política nacional especificados y reduciendo la incompatibilidad de los objetivos individuales. El papel más claro está en la prevención de los recursos insuficientemente utilizados: la reducción del desempleo (incluyendo el desempleo involuntario que se traduce en tasas de baja actividad) en los lugares donde está más concentrado. En cuanto a lo que a distribución de recursos se refiere, hemos ya apuntado algunas de las externalidades y de las imperfecciones de mercado asociadas con la elección de localización. La política regional puede ayudar a corregir las tendencias resultantes de una distribución sub-óptima de recursos. Cabe también que contribuya al logro de un crecimiento satisfactorio por encima del impacto necesario de una vez y por todas, para reducir el desempleo localizado. Ello es debido a que el desequilibrio en el mercado de trabajo regional puede actuar como una restricción en el crecimiento, de tal forma que tiende a causar una tasa de inflación más alta que la que hubiera impuesto de otra manera el nivel total de demanda conjunta. El papel de la política regional en relación con el desequilibrio de la balanza de pagos es menos claro, a menos que la política esté especialmente diseñada para hacer a estas regiones más boyantes, especializándolas en la producción de bienes de exportación o de bienes sustitutivos de las importaciones. Más generalmente, dado que las dificultades de la balanza nacional de pagos se ha pensado que provenían frecuentemente de los desequilibrios de varios tipos del mercado laboral, la política regional tiene un papel que desempeñar por vía de sus efectos sobre la eficiencia con que opera el mercado laboral. Finalmente, la política regional ofrece una contribución obvia en relación con los objetivos de equidad de la política nacional. Las desigualdades interregionales en la renta disponible per cápita podrían reducirse por medio de una progresión más grande en las tasas nacionales de impuestos, pero su eliminación requiere, ya una política fiscal nacional diseñada para igualar todas las rentas disponibles, ya políticas específicas con dimensión espacial.

Capítulo 2

Objetivos de la Política Regional

LA ESPECIFICACION DE FINES MEDIBLES

Gran parte de las discusiones sobre política regional vienen expuestas en términos de «promover un crecimiento seguro en las regiones», asegurando «una distribución correcta de los sectores industriales», «un equilibrio regional» o aportando a las regiones menos prósperas «una parte apropiada del crecimiento económico nacional». La vaguedad de esta terminología refleja a menudo desgana para especificar los objetivos precisos de una política regional. El resultado es que llega a ser muy difícil evaluar el éxito de las políticas, cuando los objetivos buscados se establecen tan vagamente. Las ventajas políticas de tal procedimiento son bien conocidas, pero a la hora de aplicar un análisis económico, una afirmación más específica de los objetivos es fundamental.

Un modelo económico de decisión es aquél en el que las variables instrumentales o políticas están relacionadas, junto con otras variables independientes, a ciertos objetivos específicos. Bajo el enfoque de una regresión múltiple, por ejemplo, las variables políticas se establecen de manera que se igualen los valores de las predicciones con los deseados para las variables endógenas, dadas las predicciones para las restantes variables exógenas. Se observa, pues, claramente, que es esencial tratar con objetivos cuantificables.

Perloff ha sugerido un catálogo de varias medidas de progreso regional (6). La siguiente lista de índices de bienestar (o forma de vida) deriva de:

(I) medidas de la proporción entre la fuerza laboral (quienes buscan trabajo activamente) y aquellos que están empleados;

(II) medidas del estado material o condiciones individuales;

(III) medidas de consumo per cápita de bienes y servicios;

(IV) medidas de la renta per cápita.

La primera de ellas es peculiar en cuanto a que ayuda sólo a la identificación de personas con bajo bienestar y no nos dice nada acerca del bienestar del resto de la población. Además, sus efectos vendrán reflejados en los demás índices. El segundo tipo de índices es más general y ofrece gran número de posibilidades, desde normas personales de salud, educación, etc., hasta valores de vivienda y condiciones (por ejemplo, porcentaje de casas con baño, agua caliente, etc.). El tercer índice podría identificarse ya a través de la información detallada del total de ventas, ya en una forma más estricta, a través de la información de la pertenencia a los consumidores de bienes duraderos. El cuarto es el índice de bienestar más comúnmente usado (por lo menos en los países desarrollados) y es ciertamente el más general. Al contrario que los dos primeros índices, los niveles medios de renta por región no reflejan directamente las diferencias interregionales en las funciones de preferencias. La principal complicación es medir los ingresos de las regiones subdesarrolladas y el problema de intentar tener en cuenta las características de la distribución de la renta, a excepción de su medida. El progreso regional puede considerarse en términos de conseguir una distribución de la renta más equitativa en el interior de la región, así como un nivel medio más alto, en cuyo caso es necesario idear un índice compuesto de progreso, reflejando el equilibrio normativo entre los niveles medios de renta y la igualdad en la distribución.

La sugerencia ulterior de Perloff de que el progreso regional puede medirse en términos de eficiencia y de volumen, es menos aceptable. Desde el punto de vista de la eficiencia, el progreso implicará una relación creciente del valor añadido regional a los inputs de capital y trabajo; desde el punto de vista del volumen, implicará simplemente el crecimiento de los inputs y outputs regionales. Sin embargo, tales consideraciones de eficiencia y volumen en último término son relevantes sólo en la medida en que se refieren al bienestar. De aquí que las medidas directas de progreso en términos de índices de bienestar sean preferibles, a menos que se pueda demostrar que estos índices de eficiencia y volumen proporcionan señales tempranas de cambios, que tardan en tener un impacto final en la prosperidad regional.

La elección entre índices alternativos de bienestar no es sencilla, pero cuanto mayor es la formalidad del enfoque económico aplicado, más importante llega a ser el tener unos jalones del progreso, únicos y cuantificables. Es verdad que los índices están correlacionados en muchos casos, por ejemplo, las regiones en las cuales las formas de vivienda son pobres, también tienden a estar caracterizadas por una baja renta per cápita, bajos niveles de consumo y por una tasa de desempleo por encima de la media. Sin embargo, estas correlaciones son raramente perfectas y la aplicación de modelos formales requiere que se tenga que elegir (o que se otorgue peso específico a los diferentes índices formando un índice compuesto). Con ello los vagos objetivos antes mencionados pueden refinarse e interpretarse en términos menos ambiguos. Así, una «parte apropiada» del crecimiento nacional debe interpretarse como el incremento de la renta nacional multiplicado por la proporción de población nacional viviendo en la región en cuestión, o como la proporción de nuevo desarrollo industrial necesario para reducir el porcentaje de desempleo regional al nivel medio nacional.

Para realizar el paso posterior de transformar estos objetivos de política regional en otros de planificación específica, se requiere establecer la tasa de igualdad regional buscada. En la práctica, la igualdad completa se cita raramente como objetivo a largo plazo: el objetivo se fijará más probablemente en una forma tal como «una reducción del 20 % en 10 años de la diferencia absoluta entre la renta per cápita de los grupos regionales prósperos y de los no tan prósperos». Aun en este caso es probable que se fijen restricciones: por ejemplo, dicha igualación no debe realizarse reduciendo los niveles medios de renta en el grupo regional próspero, es decir que la igualación debe realizarse a través de una redistribución del crecimiento neto más bien que a través de una transferencia de los ingresos existentes. Es a esta importante relación entre los objetivos regionales y nacionales, a la que nos vamos a referir a continuación.

CONFLICTOS ENTRE LOS OBJETIVOS

Los objetivos nacionales y regionales están a menudo fuertemente interrelacionados. Así, una política regional puede dedicarse a obtener objetivos nacionales del tipo de los antes enumerados, tal como elevar el crecimiento económico nacional al reducir la inflación asociada con un nivel de empleo nacional dado. Por otro lado, los objetivos de política económica nacional (o internacional) siempre tienen una dimensión regional explícita o implícita. Una política en la que la dimensión espacial es explícita será aquélla que ofrece incentivos financieros a los empresarios para colocar sus empresas en áreas geográficas determinadas. Sin embargo, las dimensiones espaciales deben también estar implícitas en otras políticas, tales como un incremento general en los beneficios de desempleo, o la progresividad de la estructura del impuesto sobre la renta. Ambas políticas incrementarán normalmente la relativa prosperidad de las regiones menos afortunadas. En otros casos, tales como en las políticas arancelarias o la cuota de restricción de las importaciones, el impacto en las diferentes regiones es menos fácil de determinar. El efecto puede ampliar o estrechar las diferencias regionales de la renta, dependiendo, entre otras cosas, de la distribución regional de la industria y de las relaciones interregionales.

Es este aspecto implícito espacial de las decisiones de política nacional el que subyace bajo el conflicto potencial entre los objetivos económicos regionales y los nacionales. Considérense las decisiones gubernamentales para localizar la inversión entre sectores industriales y regiones. Pueden seguir uno de los dos procedimientos de asignación siguientes:

(I) seleccionar la distribución regional de las inversiones según los objetivos explícitos regionales y decidir luego el sector en el que se debería llevar a cabo la inversión; o

(II) seleccionar la distribución sectorial de las inversiones de acuerdo con algún objetivo nacional y decidir luego la distribución regional.

La asignación resultante debe ser bastante diferente. Por ejemplo, la decisión en el último caso puede ser la de invertir en la industria del acero, pero si la región menos próspera tiene una desventaja comparativa en la producción del acero, no obtendrá el porcentaje de inversión del Gobierno que hubiera obtenido en el caso anterior.

Solamente integrando las decisiones regionales y sectoriales en un modelo simultáneo de decisiones, los conflictos entre los objetivos nacionales y regionales pueden ser resueltos. Los problemas involucrados aquí han sido considerados por Isard y Reiner (1) y otros autores en el mismo volumen. Una fructífera solución demostrada por Leven (2) y Reiner (7) es la aplicación de las técnicas de programación lineal. Así, podemos considerar el objetivo nacional como una restricción para la realización del objetivo regional. Más probablemente, deberíamos considerar el objetivo nacional como primario y el regional como una restricción a su realización: se podría intentar maximizar la tasa de crecimiento del PNB sujeta a la condición de que la renta en las regiones más pobres no disminuya con respecto al promedio nacional. Así, en una economía con dos regiones, con ingresos totales regionales Y_a y Y_b (siendo Y_b el más bajo) y tasas de crecimiento p_a y p_b, perseguiremos maximizar $Yp = (Y_a p_a + Y_b p_b)$ sujeta a la condición de que $p_b \geq p_a$. Esta restricción puede o no afectar a la solución. Como norma general, el objetivo regional es operativo sólo cuando sus efectos están en oposición con los efectos regionales implícitos en las decisiones políticas basadas en objetivos nacionales. Esto significa que habrá un conflicto entre objetivos regionales y nacionales sólo cuando la región menos próspera tenga una desventaja comparativa en el sector más productivo desde el punto de vista de crecimiento nacional. En el ejemplo anterior, la región más pobre tenía una desventaja comparativa en el sector del acero; de haber habido una ventaja comparativa en este sector, no habrían existido conflictos entre los objetivos regionales y nacionales. Por tanto, la distribución de la inversión hubiera sido la misma si se hubieran ignorado los objetivos nacionales o los regionales.

La alternativa más notable a la programación lineal para resolver conflictos entre los objetivos nacionales y regionales nos la proporciona la especificación directa de los criterios de canje eficiencia-equidad. Las decisiones de política nacional implican tanto consideraciones de equidad como de eficiencia: como vimos, la distribución objetiva de la renta está interrelacionada con otros objetivos gubernamentales. Dado que hay un conflicto potencial —algunas políticas pueden incrementar el crecimiento nacional pero causan una distribución de la renta menos favorable, mientras que las políticas que incrementan la equidad en la distribución pueden limitar el crecimiento—, algún criterio de canje debe ser aplicado. Por supuesto, estos criterios están siempre presentes de una forma explícita o implícita; no pueden eliminarse a base de ignorarlos.

En el contexto regional, el tipo de canje que generalmente se contempla es el que tiene lugar entre la equidad interregional y la eficiencia agregada. Las políticas regionales no tienen necesariamente un costo en términos de eficiencia agregada, pero pueden tenerlo algunas veces; y es en estas circunstancias que necesitamos saber lo que cuesta perseguir los objetivos regionales en términos de lo que se ha violentado el objetivo nacional. Mera ha mostrado que los análisis de Edgeworth pueden utilizarse en la derivación de las superficies de transformación entre eficiencia y equidad, una vez las funciones de producción regional son conocidas (4). Entonces el costo de eficiencia en términos de equidad puede verse que varía con la tasa de posible sustitución entre factores. Cuanto más se aproximen las funciones de producción al tipo de coeficiente fijo (y cuanto más se desvían del tipo de Cobb-Douglas) más bajo es el costo de un objetivo en términos de otro. Este análisis está basado en supuestos muy restrictivos, y su mayor contribución estriba en demostrar que, por lo menos conceptualmente, es posible relacionar los valores de los canjes eficiencia-equidad con unas características regionales concretas.

En la práctica, los criterios de canje entre la equidad interregional y la eficiencia agregada están involucrados en una variedad de decisiones. El caso clásico es el de una agencia central distribuyendo fondos entre proyectos localizados. Algunos tienen altos grados de eficiencia, pero están localizados en regiones prósperas y otros son menos eficientes, pero localizados en regiones pobres con mayor necesidad de ayuda a la economía local. Sólo si el canje entre eficiencia y equidad está especificado —si, por ejemplo el 1 % de crecimiento económico agregado supone el 5 % de reducción en la tasa de concentración que describe la distribución regional de la renta— la agencia central podrá hacer elecciones racionales y consistentes.

El valor de los canjes viene rara vez explicitado, pero

puede identificarse por el análisis de las decisiones pasadas. El estudio de McGuire y Garn (3) es particularmente interesante, revelando la falta de consistencia al tomar decisiones. Hay algunas causas de inconsistencia que pueden ser justificables (por ejemplo, la necesidad de considerar factores no cuantificables que no pueden expresarse por simples índices de eficiencia y equidad), pero otras que no lo son (por ejemplo, la tendencia de las decisiones colectivas o individuales a ser inconsistentes a causa de dudas sobre su propio comportamiento). La cuantificación de los canjes de eficiencia-equidad puede ayudar a mejorar la distribución de recursos entre las regiones, reduciendo la incidencia de estos últimos casos.

Capítulo 3

Contribuciones de la Teoría Económica Regional

MICROECONOMIA ESPACIAL

La contribución potencial de la microeconomía a la elaboración de la política regional se apoya en el total entendimiento de los factores que influencian las decisiones de localización individual. Muchas armas de política regional en las economías mixtas van dirigidas directamente a influenciar estas decisiones individuales: de aquí que un mayor conocimiento de las funciones de preferencias permite que la selección de instrumentos de política sea más científica.

La serie de decisiones de localización que ha atraído más la atención de los científicos regionales es la de la empresa. Las teorías de localización de la empresa pueden agruparse en cuatro categorías conforme a la motivación atribuida al empresario (o grupo de personas) que toma las decisiones de localización. Estas son: (I) minimización de costes, (II) maximización de ingresos, (III) maximización de beneficios y (IV) satisfacción suficiente.

El problema de seleccionar un lugar en el cual un producto dado pueda producirse al mínimo coste, ha inspirado gran número de modelos resaltando el coste del transporte de las materias primas y de los productos. Isard proporciona un resumen útil y demuestra además cómo el transporte puede ser considerado un *input* en el proceso productivo, tal que la elección de localización de la empresa es análoga a la elección de la combinación entre factores (17). Así, se considera que la empresa que selecciona una localización busca el equilibrio entre la distancia de las materias primas y el mercado, y las ventajas en términos de reducción de costos laborales, etc. Es entonces posible superponer los efectos en la localización de las economías y las diseconomías debidas a la aglomeración. Estas pueden clasificarse según produzcan efectos internos en la empresa (economías y diseconomías de escala), en el sector industrial concreto (economías y diseconomías de concentración) y en todos los sectores industriales (economías y diseconomías de urbanización). Todas afectarán al costo privado para lograr una producción dada en diversos sitios alternativos. Tres puntos deberían ser mencionados acerca de estas teorías de localización por costes mínimos. Primero, no se menciona nada acerca de los costos sociales de una selección de diferentes localizaciones: no hay razón para que la empresa privada deba considerarlos, a menos que haya políticas específicas que hagan que los costos sociales (impuestos, compensaciones de pagos, subsidios, etc.) lleguen a reflejarse en los costos privados. Segundo, se supone que quien toma la decisión tiene un conocimiento perfecto de los costos en las diferentes localizaciones. Tercero, el análisis de localización por costes mínimos está de acuerdo con el máximo beneficio sólo si el ingreso total de la empresa no varía con la localización.

Las teorías de máximo ingreso en la localización de la empresa, se desarrollan con base en las contribuciones iniciales de Hotelling (16) y Smithies (25), partiendo de un supuesto contrario —la localización determina los ingresos más que los costos—. Dada la distribución espacial del mercado, la principal influencia en la selección de lugar es la localización de las empresas competitivas. Esto tiende a causar desviaciones sistemáticas con respecto a las localizaciones de mínimo costo, especialmente por los incentivos a la aglomeración. La principal característica de este grupo de teorías es un problema inherente de inestabilidad, vislumbrándose la aplicación de la teoría de los juegos como un medio potencialmente fructífero para tratar estas situaciones. Desarrollos posteriores pueden surgir también, del reconocimiento de la interdependencia locacional entre actividades complementarias competitivas. La distancia con respecto a las empresas complementarias debe afectar a sus costes o a sus ingresos, según si la relación es del oferente o del consumidor y según se carguen los costos del transporte entre las compañías. Sin embargo, sólo la influencia del ingreso puede integrarse estrictamente en las teorías de ingreso máximo de localización, ya que es necesario asumir costos independientes de localización. Las teorías de localización de máximo ingreso son similares a las de coste mínimo en que ignoran los costes sociales. De hecho, uno de los temas persistentes de los autores que contribuyen a este campo, es la tendencia sistemática hacia situaciones no óptimas que resultan de la interdependencia locacional. Aquí también aparece, nuevamente, el supuesto de un conocimiento perfecto de las alternativas de localización.

El tercer tipo importante de teorías de localización intenta investigar los efectos de variación tanto en los costes como en los ingresos con respecto a la localización. Greenhut ha conseguido una síntesis útil de los enfoques de coste mínimo e ingreso máximo, resaltando prácticamente la importancia de hacer tanto los cálculos de costo como de ingreso al seleccionar el lugar (15).

La condición formal para el beneficio máximo está en que cada productor seleccionará la localización desde la cual sus ventas a un número dado de compradores (cuyas compras se necesitan para obtener unos beneficios máximos) puedan ofrecerse a costes totales más bajos. Evidentemente, esto involucrará con frecuencia algún compromiso entre los lugares de mínimo costo y máximo ingreso. Por tanto, los modelos de mínimo costo y máximo ingreso llegan a ser casos especiales de un modelo más general. La cuestión que subsiste es de qué recomendaciones políticas surgen mediante este enfoque para estudiar la localización industrial. Las dos más obvias son:

(I) desarrollar un sistema de impuestos e incentivos, que haga que la localización de la empresa maximizadora de beneficio concuerde con el óptimo social;

(II) ayudar a los que toman decisiones de localización a perfeccionar sus conocimientos de costes e ingresos en lugares alternativos.

Estas implicaciones políticas dependen del supuesto de que los empresarios persiguen maximizar sus beneficios. Si esto es o no un enfoque útil al objetivo general del comportamiento financiero, es aparentemente una controversia sin fin, pero aún si la maximización del beneficio proporciona una base útil para los modelos de precios, producción y decisiones de inversión, parece menos conveniente para las decisiones de localización. La suerte y «un pronto inicio» han sido desde tiempo reconocidas como influencias importantes en la localización, pero un reciente estudio empírico sugiere que hay algunas características relativamente sistemáticas en las decisiones de localización de las empresas. La evidencia de Law (52), Loasby (53), Needleman y Scott (32) y otros, sugiere que el proceso típico tiene las siguientes características:

(I) la decisión de localización surge como resultado de una situación casi crítica, tal que una decisión rápida es más importante que una decisión ideal;

(II) no hay una consideración sistemática de costes e ingresos en lugares alternativos. Después de efectuar un detenido estudio sobre la localización manufacturera en Inglaterra, Luttrell pudo sacar como conclusión: «Nos hubiera gustado dar un ejemplo de elección clásica de localización en la cual los costes operantes habieran sido estimados para dos o más plazas posibles, se hubieran evaluado todos los factores imponderables o no reflejados en los costos y se hubiera encontrado luego una forma de comparar lo bueno y lo malo de una plaza con lo de la otra. Desafortunadamente, no hemos sido capaces de encontrar tal caso» (54);

(III) la tendencia es buscar algo conveniente que esté a mano, bajo el supuesto implícito de que la presente localización es probablemente óptima. Por ello, la empresa busca y acepta el lugar más próximo que parece satisfactorio.

Esto forma la estructura de la teoría «satisfactoria» de selección locacional surgida recientemente. Como en las teorías de comportamiento más general de la empresa, el énfasis se coloca en la repugnancia para emprender procedimientos de investigación y en el alcance de objetivos mínimos más que máximos. Una teoría general de comportamiento satisfactorio en la elección de la localización tiene que desarrollarse todavía, pero los esfuerzos exploratorios sugieren que los intentos para establecer un valor pecuniario de los objetivos no monetarios involucrados en la elección locacional, no van a conducir probablemente a resultados satisfactorios. La esencia de la teoría moderna de organización es que las decisiones se maduran en procesos de grupo y no reflejan directamente ninguna función objetiva identificable o estable. De aquí, que haciendo la teoría de localización de la empresa más «realista», aumentemos nuestra comprensión a costa de sacrificar poder predictivo. Sin embargo, el sacrificio es ventajoso en este caso particular, porque este reconocimiento explícito de la naturaleza típicamente no maximalista de la selección de localización tiene varias implicaciones políticas regionales:

(I) La selección de localización queda sujeta potencialmente a una considerable cantidad de influencias sin necesidad de ningún sacrificio de la eficiencia privada. La interferencia debería conducir o bien a una pérdida de eficiencia o bien a una ganancia, dependiendo de si el lugar elegido libremente por la empresa diera lugar a unos costes de localización más bajos o más altos que aquél al que el Gobierno pretende conducir.

(II) Los instrumentos de política regional no necesitan estar diseñados en términos de externalidades de elección locacional. Los instrumentos más bastos, tales como los controles administrativos, pueden ser más efectivos tratando con empresas que no responden a los incentivos monetarios como los tradicionales maximizadores del beneficio.

(III) Como resalta Cable, simplicidad y claridad deberían estar a la orden del día (48). Los instrumentos políticos sencillos suelen tener más influencia que otros sofisticados, aun cuando su valor monetario para la empresa sea más pequeño.

Las teorías de localización de la unidad de consumo tienen mucho en común con las de localización de la empresa. Por supuesto, hay una fuerte interdependencia: la localización de la empresa viene influenciada por la distribución de la unidad de consumo, dado que influyen la disponibilidad de la mano de obra y las consideraciones de «distancia al mercado», mientras que la localización de la unidad de consumo viene influenciada por la localización de la empresa por vía de las consideraciones del mercado laboral. Esta interrelación con la localización de los sectores industriales es la característica prominente de los modelos de localización de la unidad de consumo. El estudio de Alonso es un buen ejemplo (13). Ofrece valiosas ideas sobre las fuerzas sistemáticas del desarrollo de las pautas del uso del suelo y de las formas urbanas, pero suministra escasa guía directa para la formulación de las políticas interregionales. Hay ciertas consideraciones sobre los efectos de zonificación en el uso del suelo, pero el principal interés está en el equilibrio más que en los resultados óptimos. El énfasis en este último concentra de nuevo la atención en el efecto de las externalidades. Como en el caso de las industrias, no hay razón para esperar ninguna tendencia hacia la optimización en la distribución espacial de las unidades de consumo. Está el punto similar de que los costos de la vivienda no reflejan necesariamente los costos sociales de tal desarrollo; el mero hecho de que los constructores no son forzados usualmente a compensar a los residentes de un área por su pérdida de encanto, sugiere una tendencia natural a niveles de densidad excesiva. Además, dada la interdependencia entre la localización residencial e industrial y el carácter no óptimo de la localización industrial, habrá tendencias consistentes hacia «no optimización» en la localización residencial.

El otro cabo importante de la teoría de localización de la unidad de consumo se refiere al proceso de la migración. Los recientes modelos se apoyan fuertemente en analogías físicas, y están bien resumidas por Isard [42]. En particular los modelos de gravedad han formado la base de un número de estudios de localización residencial interurbana en los EE.UU. Estos modelos ven el tamaño de la población como la fuerza de atracción (o gravitoria) entre dos lugares y la distancia entre ambos (o a veces las oportunidades de trabajo en ellos) como el elemento causante de roce. Contando con los coeficientes relativos de estas variables de migración, el movimiento de personas entre dos lugares cualquiera puede predecirse. Sin embargo, este enfoque rinde muy poco en términos de implicaciones políticas, porque su papel consiste en proporcionar aproximaciones estadísticas más que ideas sobre comportamiento. La investigación corriente sobre el desarrollo de los modelos de migración desde un análisis de utilidad individual, bajo condiciones inciertas, parece ser probablemente más provechoso. Sin embargo, la principal contribución de la teoría económica a esta área no se centra tanto en las causas de movilidad laboral como en las consecuencias económicas de tal movimiento. En particular, se plantea la importante cuestión de si la migración laboral tiene efectos de equilibrio o de desequilibrio —para más detalles véase el capítulo 4 próximo—.

Mientras la microeconomía espacial no presupone ningún límite regional y mira las decisiones de localización individual en términos de una variable continua espacial, la macroeconomía espacial debe presuponer alguna estructura regional en la cual las teorías macroeconómicas de crecimiento y desarrollo puedan ser aplicadas.

Es conveniente agrupar las diferentes teorías de crecimiento regional como sigue:

(I) las que consideran que el crecimiento surge como resultado de una reasignación de recursos;

(II) las que relacionan el crecimiento con la expansión de la base exportadora de la región;

(III) las que se concentran en la inversión y su relación con el crecimiento de capacidad; y

(IV) las que consideran el crecimiento como un proceso acumulativo.

Dentro del primer grupo se pueden identificar dos categorías: los modelos de reasignación *intra*regional y los de reasignación *inter*regional. Ambas descansan en la movilidad de los factores, como el mecanismo que produce diferencias entre las regiones en las tasas de crecimiento económico (medidas usualmente en términos de renta per cápita). El primero sugiere que la tasa de crecimiento será más rápida en las áreas en que la mala asignación interna de los recursos es mayor (si el crecimiento de la población es en todas partes igual). Esa mala asignación se corrige por los recursos que se mueven desde sectores que ofrecen un bajo porcentaje de ganancias a los que ofrecen un porcentaje de ganancias más alto. Históricamente, esto ha significado generalmente que el crecimiento económico rápido ocurre como resultado del movimiento de los factores del sector primario al secundario y al terciario, lo que implicaría una convergencia en la relativa prosperidad de las regiones: el crecimiento más rápido se dará en las áreas más «atrasadas», simplemente porque tienen la mayor oportunidad para reasignar los recursos internos.

Similarmente, los modelos de reasignación interregional ven el crecimiento como un proceso hacia una situación de equilibrio. Estos son los más conocidos de los modelos de crecimiento regional, y usualmente se expresan en términos de supuestos neoclásicos familiares de pleno empleo, perfecta movilidad de los factores, competencia perfecta y rendimientos a escala constante. De estos supuestos se sigue directamente que un conjunto de economías regionales estará sólo en equilibrio cuando los varios precios de los factores de productividad sean idénticos en todas las regiones. Los factores irán de las regiones donde sus precios son bajos a regiones donde son altos y bajo el supuesto de productividades marginales decrecientes, esto producirá una uniformidad interregional en el ratio entre el precio de los factores y las productividades físicas marginales. Así, las salidas de factores estarán normalmente asociadas con rentas per cápita, crecientes y con un decrecimiento del ingreso total regional.

Las implicaciones políticas de estos modelos son relativamente claras: si el Gobierno busca reducir las diferencias interregionales en una economía próspera, el camino apropiado de acción es adoptar los supuestos de la economía neoclásica. En particular, la atención debería concentrarse en incrementar la movilidad de los recursos y de aquí, en acelerar el proceso de igualación. La teoría intraregional de reasignación de los recursos debería sugerir que el énfasis se tendría que colocar en incrementar la movilidad de los factores entre los sectores industriales y los empleos; la teoría interregional de reasignación de recursos sugiere que el énfasis debería colocarse en incrementar geográficamente la movilidad de los factores.

Un segundo enfoque importante del crecimiento regional proviene de resaltar el efecto propulsivo de las exportaciones regionales en la renta regional. Ideas acerca de lo que estos modelos pueden obtener se exponen en la publicación de las discusiones entre North y Tiebout (21, 26). El concepto de base económica tiene una larga historia en la planificación urbana y cuando se aplica al nivel regional, sugiere que la clave del crecimiento está en el entendimiento del papel de las exportaciones, es decir exportaciones de una región a otras regiones del mismo país o a otros países. A corto plazo la expansión de la exportación conduce a incrementar la renta regional tanto directamente como por vía de efectos secundarios sobre la demanda para los bienes y los servicios producidos localmente. A largo plazo habrá cambios en la estructura de la economía regional, resultado de los movimientos de capital y de trabajo y esto tenderá a reforzar el proceso de crecimiento regional. Es posible refinar el modelo para identificar qué tipos particulares de expansión de las exportaciones van a tener los máximos efectos de crecimiento, pero la teoría retiene asperezas que limitan su valor. Richardson expone una notable lista de desventajas, quizá la más importante de ellas es el desprecio de los estímulos internos, particularmente los asociados con el progreso tecnológico y de las variables exógenas diferentes de la inversión, especialmente las ayudas gubernamentales (23). No obstante, la habilidad de las regiones para desarrollar las estructuras regionales que conducen al desarrollo de las exportaciones está ampliamente reconocida como un determinante importante de sus expectativas de crecimiento.

Una vez más, las implicaciones para una política regional están bastante claras. Algunas medidas para estimular la acción exportadora de las regiones menos prósperas deberían proporcionar el ímpetu suficiente para el movimiento hacia la uniformidad de la prosperidad regional. Los subsidios a la exportación son el arma más obvia, pero cualquier otro instrumento que fuerce a bajar los precios de los factores, tal como el trabajo o los subsidios de capital, tendrá efectos en la dirección deseada si resultan precios más bajos para los productos finales. El principal problema parecería estar en las regiones con producción primaria, enfrentándose a una demanda inelástica para sus exportaciones. Tales regiones necesitan hacer la transición a economías industriales más equilibradas antes de que se puedan beneficiar plenamente de las medidas destinadas a elevar la prosperidad por un estímulo directo a las exportaciones. En este caso, el papel apropiado del Gobierno consiste más en animar el cambio en las estructuras internas que en dar un estímulo directo a las exportaciones regionales.

Un tercer enfoque importante del crecimiento regional estriba en la aplicación de los modelos de crecimiento nacional. Los modelos más conocidos son los de Harrod-Domar, aunque la aplicación de los mismos a un modelo regional se debe más bien a Richardson (23). Este tipo de enfoque se concentra más en las variables de la oferta y ve el crecimiento regional como una función de la acumulación de capital, los incrementos de la eficacia del trabajo y el progreso técnico. La principal fuente de estos incrementos en la oferta es la de los flujos migratorios. Sin embargo, estos flujos no forman un mecanismo equilibrado dentro de los modelos en sí mismos y las divergencias de la trayectoria de crecimiento en equilibrio conducirán normalmente a divergencias en las trayectorias de crecimiento regional. Esto es así porque cualquier retraso en el crecimiento de la renta de una región conducirá a valores de las importaciones por debajo de la tendencia, y resulta de estos modelos que las regiones con superávit en las importaciones netas crecerán más deprisa que otras.

Las implicaciones de política regional se refieren principalmente al nivel de inversión y al progreso técnico en las regiones atrasadas. Una vez las trayectorias de crecimiento divergente se desarrollan, es responsabilidad del Gobierno el asegurar un retorno a la conducta de equilibrio. Los instrumentos más obvios son los que operan directamente sobre la inversión regional. Las regiones con tasas de crecimiento más lentas serán aquéllas cuyo crecimiento de la inversión ha caído por debajo del crecimiento de capacidad; sus perspectivas para aumentar su tasa de crecimiento se apoyan en un incremento de la inversión. Hay dos alternativas generales: la inversión directa del Gobierno en las áreas en cuestión, o la toma de medidas para estimular la inversión privada a través de incentivos de aumentar la producción compromete la sustitución de factores. Sin embargo, la tecnología incorporada en la inversión es también importante. Para la nación, la tasa de progreso técnico es importante en la determinación del crecimiento de capacidad; para cada región la tasa de adopción del progreso técnico es importante para determinar si se queda atrás o si mantiene el ritmo de crecimiento de las demás regiones.

El último grupo de teorías de crecimiento económico regional viene caracterizado por su dependencia del proceso de causación acumulativa. La exposición clásica es la de Myrdal, quien considera las regiones menos desarrolladas unas veces dentro de un marco nacional y otras en un marco internacional (en este caso el término «regiones menos desarrolladas» se aplica a los países más subdesarrollados) (19). La hipótesis general es que los centros de crecimiento, habiéndose desarrollado por una variedad de razones históricas/geográficas, desarrollan ventajas acumulativas, de tal forma que la brecha entre su prosperidad y las de la periferia tiende a ensancharse. Entre las causas de divergencia más frecuentemente citadas está la naturaleza inadecuada y selectiva de los flujos migratorios, las economías privadas de localización en los centros urbanos y la incapacidad (o mala gana) de los empresarios para percatarse de las oportunidades económicas en la periferia. Mientras estos efectos de «absorción» *(«backwash»)* dominen a los efectos de «difusión» *(«spread»)* de desarrollo desde el centro, resultarán tendencias divergentes de crecimiento.

Este enfoque de la causación acumulativa del crecimiento regional es de central importancia. Busca sintetizar muchos elementos de otras teorías junto con aspectos adicionales que afectan al desarrollo regional. A este efecto es un instrumento que puede facilitar enormemente la comprensión de los procesos de crecimiento. Sin embargo, ofrece cierta dificultad para extraer implicaciones políticas de esta clase de estudios dado que las políticas se consideran en sí mismas como parte del proceso de causación acumulativa. Myrdal sugiere que las políticas de bienestar y otros medios para incrementar las igualdades internas no están desarrollados en las naciones pobres debido al sesgo en términos menos igualitarios de sus sistemas políticos (reflejando, entre otras cosas, la prevalencia en los países pobres de estructuras de poder de tipo feudal que ayudan al rico a explotar al pobre). A ello se une también, que en las naciones pobres los recursos centralizados son frecuentemente inadecuados para afrontar el costo de tal redistribución.

Sin embargo, dado que el Gobierno no es completamente impotente a este respecto, hay dos alternativas principales. Una es la de establecer nuevos centros de desarrollo en las regiones periféricas y canalizar tanto como sea posible la infraestructura de inversión, con la intención de contrarrestar el influjo de los centros existentes. La otra es la de investigar la naturaleza de los efectos individuales de «absorción» y de «difusión», en orden a ver cómo los primeros pueden reducirse y los segundos estimularse. Una posibilidad particularmente obvia surge de lo que Friedmann llama «el fracaso para percatarse de las oportunidades periféricas de inversión» (60). El Gobierno tiene el papel de contrarrestar este efecto centralizador por medio de la publicidad de tales oportunidades. Similarmente, la relativa atracción de la periferia para la industria secundaria puede incrementarse por medios políticos para efectuar la descentralización del sector servicios (finanzas, investigaciones y servicios de todas clases, incluyendo los del Gobierno nacional). También, por supuesto, las perspectivas de la periferia pueden mejorarse mediante la adopción de políticas que hagan pagar a las empresas el costo de las deseconomías generadas por sus preferencias de localización centralizada. Tales políticas pueden ayudar a contrarrestar la amplitud de las diferencias regionales, aunque sólo en los países más prósperos la estructura política permite plantearse su ejecución.

Hasta aquí hemos visto las políticas que han sido sugeridas por las principales corrientes de la teoría de *crecimiento* regional. El otro aspecto principal de la macroeconomía espacial se refiere a la *estabilidad.* Hay dos puntos interesantes: la estabilidad de las regiones individuales y la contribución potencial de las políticas regionales a la estabilidad de la economía nacional.

El primero ha recibido más atención, particularmente en relación con las viejas áreas industriales, las cuales están sujetas a amplias fluctuaciones en prosperidad, debido a su dependencia de una gama estrecha de sectores industriales. Las dos políticas que se sugieren usualmente, son la de diversificación de la industria y la aplicación de medidas fiscales de estabilización. Un problema que presenta el enfoque de la diversificación estriba en el sacrificio de las ventajas de la especialización regional. Además, hay cierta evidencia para sugerir que es improbable que sea del todo efectivo, ya que parte de la variación regional existente en la amplitud de ciclos sólo puede «explicarse» por la estructura industrial [ver Harris y Thirlwall (31)].

Las políticas fiscales tienen un impacto más inmediato en la inestabilidad. Hay un efecto de estabilización incorporado, mientras las tasas sean progresivas y la tasa de gasto en pagos de bienestar, etc..., esté negativamente correlacionada con la renta. En las regiones propensas a inestabilidades cíclicas, los pagos por impuestos y los ingresos procedentes de gastos del Gobierno fluctúan más que en las regiones estables, produciéndose un efecto equilibrante sobre la amplitud de las fluctuaciones. Cuanto más progresivas son las tarifas de impuestos y gastos (y menor es la pérdida a través de la tendencia a la importación), mayor es la estabilidad. Adicionalmente, el Gobierno puede usar la política fiscal en la estabilización regional, introduciendo variaciones interregionales en la progresión de la estructura de impuestos. Esta política no se ha utilizado ampliamente, pero similares efectos pueden conseguirse por medio de variaciones interregionales en política monetaria. Bélgica ha usado políticas de finanzas baratas extensivamente para animar el desarrollo del área valona; en el Reino Unido el Gobierno ha influido para que los bancos privados presten atención a los objetivos de política regional en lo que se refiere a la aplicación de sus medios financieros.

Debería hacerse resaltar que en esta discusión sobre estabilización regional queda implícito que la responsabilidad para que se consiga la estabilidad en las regiones individuales corresponde al Gobierno central más que al local. Richardson defiende este punto firmemente: mientras que las autoridades locales pueden aumentar la estabilidad a través de superávit y déficit financieros, la responsabilidad para coordinar y fijar el impacto de programas localizados sobre la demanda agregada debe apoyarse en la autoridad central (23). Razonar, como algunos Gobiernos centrales han hecho, que en períodos de dificultades económicas las autoridades locales deben confiar más en las finanzas internas, está claramente en desacuerdo con este punto de vista.

La contribución potencial de las políticas regionales a la estabilización *nacional* sólo se ha reconocido recientemente. Uno de los argumentos centrales viene claramente explicado en términos de las curvas de Phillips, mostrando la relación entre la tasa de cambio de los salarios efectivos y el nivel de porcentaje de desempleo [1]. Esta relación no es tan rara como a veces, se supone, particularmente porque debe de ser posible desarrollar políticas que den lugar a cambios en la posición de la curva. La reciente experiencia de «stagflation» (niveles de desempleo bastante altos asociados a rápidas presiones inflacionarias) en muchos países, sugiere una tendencia hacia cambios de la curva a la derecha.

1. Para posterior discusión de las curvas de Phillips, véase J. Burton, *Wage Inflation*, Studies in Economics (Macmillan, Londres, 1972), cuya traducción al castellano aparece en esta misma colección.

Cualquier política que pueda neutralizar este fenómeno capacitará a la economía para llegar a niveles más bajos de desempleo y/o de inflación. La política regional tiene tal posibilidad. La evidencia de Thirlwall (35) y de Archibald (27) para el Reino Unido sugiere que en algunas regiones la tasa de inflación asociada con niveles dados de desempleo es más alta que en otras. Además, el cambio en la tasa de inflación asociado con un cambio dado de desempleo tiende a ser más grande en las regiones con bajo desempleo que en las que lo tienen alto (es decir las curvas de Phillips tienen más pendiente en el primer caso). De ello se sigue que un incremento en el desempleo de estas últimas regiones y una correspondiente reducción en el de las primeras, permitirá a la economía nacional llegar a una tasa de inflación más baja. Alternativamente, dada la tasa de inflación nacional, el desempleo agregado puede reducirse por medio de una distribución regional de la demanda y/o de la oferta laboral. De esta forma, la política regional puede reducir el conflicto entre los objetivos económicos nacionales. En esencia, ello supone que la política regional consiste en la aplicación del enfoque keynesiano a nivel regional. La oferta y la demanda agregadas se controlan por regiones individuales, y las políticas para asegurar una armonía mayor de la oferta —demanda a ese nivel—, permiten un mayor ajuste en la consecución de los objetivos a nivel nacional. Hay medios alternativos para conseguir los mismos fines (tales como derogando la legislación sobre el salario mínimo y evitando los convenios colectivos a escala nacional), pero este enfoque a través de la política regional violenta en menor grado los objetivos que se han definido con un carácter más amplio: los objetivos sociales.

Capítulo 4

La estrategia de la Política Regional

DELINEACION REGIONAL

La definición de las áreas a las cuales se aplicarán las diferentes políticas regionales es un aspecto fundamental de la estrategia. Muchas de las discusiones corrientes sobre las políticas alternativas en la Europa occidental se refieren a esta cuestión, en particular a las alternativas de las regiones en desarrollo, definidas ampliamente, y de los puntos de crecimiento definidos concretamente. Para entender el debate se requiere un examen de las posibilidades teóricas de la delineación regional.

La literatura existente sobre métodos de regionalización es bastante considerable: Harris, por ejemplo, hace referencia a 291 trabajos sobre este tema (41). No obstante, la variedad de métodos para definir las regiones puede condensarse provechosamente de acuerdo con el concepto subyacente de lo que constituye una región. Pueden identificarse tres de tales conceptos: la región como una unidad espacial homogénea, como una unidad polarizada y como una unidad de programación. El último de estos tres es el que tiene un menor apuntalamiento teórico. Lo que quiere decir es que las regiones deberían definirse en términos de las áreas que caen bajo la jurisdicción de los cuerpos responsables de la implantación de la política regional. Este es un enfoque muy pragmático y aparentemente niega la posibilidad de que los límites administrativos existentes sean inconvenientes al establecimiento de la política regional. Es verdad que las dificultades prácticas de modificar las estructuras administrativas existentes pueden dar lugar a que el enfoque de la unidad de programación sea adecuada, pero si estamos interesados en lo óptimo más que en lo conveniente, debemos concentrarnos en los conceptos de región basados en la homogeneidad y la polarización.

El enfoque de la homogeneidad requiere que se busque la definición particular de regiones que minimice la variación intrarregional en la variable (o variables) estudiada y maximice la variación interregional. Hay tres problemas centrales: la elección del número de agrupamientos regionales separados, la selección de la variable (o variables) en términos de la cual la homogeneidad regional se maximice, y la introducción de restricciones sobre contigüidad.

El problema de seleccionar el número de regiones debe resolverse por referencia a los objetivos políticos y, en particular, a su pretendida sofisticación. En un extremo está la propuesta de Clark sobre los agrupamientos regionales en el Reino Unido: una serie de matizadas gradaciones desde Londres, región que, según él, debería estar fuertemente penalizada por medio de impuestos de radicación hasta las áreas periféricas, como las Hébridas, las cuales recibirían enormes beneficios (30). La política efectiva en el Reino Unido ha tendido hacia el otro extremo, dividiendo el país en dos partes: áreas de desarrollo y el resto. La década de los sesenta vio la introducción de dos categorías más: Areas especiales de desarrollo (recibiendo una asistencia adicional) y Areas intermedias (recibiendo menos asistencia que las Areas de desarrollo), lo que puede interpretarse como un movimiento hacia la clasificación regional francesa, más sofisticada. Francia tiene una división quíntuple, como base para su sistema de frenos e incentivos locales, con el área congestionada de París en un extremo y con las áreas subdesarrolladas del Noroeste, Sur y Suroeste en el otro extremo. Otros países europeos tienden a moverse hacia esta clase de política por la introducción de nuevas políticas para áreas con problemas regionales intermedios entre las regiones favorecidas y las no favorecidas. Es cierto que muchos de los argumentos para la introducción de las Areas intermedias en el Reino Unido, se apoyaron en consideraciones «ad hoc» [por ejemplo, el problema de las áreas que están justo fuera de las Areas de desarrollo para atraer un nuevo desarrollo industrial, la estructura industrial superespecializada de algunas de estas «áreas grises» y así sucesivamente; véase el informe de Hunt (57)]. Sin embargo, una justificación más general la proporciona la reciente discusión microeconómica de la elección de localización. Los costos sociales de congestión y la mala distribución de recursos cambian continuamente en el espacio. Cuanto más matizada sea la gradación de las regiones para los fines políticos mayor es la posibilidad de minimizar la diferencia entre los impuestos y subsidios reales y los óptimos para cada localización.

La selección de una variable (o variables) en términos de la cual la homogeneidad regional tiene que maximizarse, debe hacerse teniendo en cuenta los objetivos políticos. La metodología del análisis de regresión puede utilizarse para explicar alguna de las posibilidades. Supongamos que nuestros objetivos de política regional están expresados en términos de igualdad de rentas per cápita (Y). Además, postulamos que las rentas están funcionalmente relacionadas con la composición industrial (C) y el grado de urbanización (R), es decir $Y = f(C, R)$. Consideremos ahora dos distritos contiguos (*a* y *b*): la cuestión es si pertenecen a la misma o a diferente región. Hay tres métodos posibles de hacer la clasificación:

(I) Clasificar *a* y *b* en la misma región si los valores reales de la variable endógena son similares, es decir, si la diferencia $Y_a—Y_b$ es pequeña. (Qué es lo que se considera pequeño puede determinarse para un análisis de variancia: la hipótesis nula de que no hay una diferencia significativa entre las dos áreas, se verifica para un nivel especificado de probabilidad).

(II) Clasificar *a* y *b* en la misma región si los valores estimados de la variable endógena son similares, es decir $\hat{Y}_a - \hat{Y}_b$ es pequeña. De hecho, esto significa que las áreas a y b se clasifican de acuerdo con los valores de las variables exógenas (C y R). Lo lógico sería que las regiones se definieran para fines de política de acuerdo con la causa de su malestar económico, más que con sus síntomas.

(III) Clasificar *a* y *b* en la misma región si la diferencia entre el valor real y el estimado de la variable endógena es similar en ambas áreas, es decir, si $(Y_a - \hat{Y}_a) - (Y_b - \hat{Y}_b)$ es pequeña. Así, si las rentas medias son más altas en el área *a* de lo que se predeciría por su estructura industrial y su urbanización y en cambio en *b* son más bajas de lo que se predeciría por su estructura industrial y su urbanización, entonces *a* y *b* no estarán clasificadas en la misma región. La variancia residual (o «factor regional», como se le llama a veces) es positiva en el primer caso y negativa en el último. Nótese, sin embargo, que usando «región» para explicar la variación espacial meramente se expresa que el investigador no ha terminado su problema, ya que el factor regional sólo existe porque alguna variable exógena importante (o variables) ha sido omitida. Por ello, clasificar las regiones de esta forma es equivalente a clasificarlas de acuerdo con el valor de la(s) variable(s) exógena(s) omitida(s).

Una pequeña variante de este enfoque consiste en clasificar *a* y *b* en la misma región según los valores de parámetros de la ecuación de regresión aplicada a los datos de las series temporales. Dadas $Y = A + \alpha C + \beta R$, entonces las áreas *a* y *b* se clasificarían en la misma región sólo si las diferencias $(\alpha_a - \alpha_b)$ y/o $(\beta_a - \beta_b)$ fueran pequeñas. Esto significa que las agrupaciones regionales se componen de áreas en las cuales las rentas medias responden de forma similar a cambios en la estructura industrial y/o en la urbanización. Si el objetivo de igualar las rentas regionales se pretende conseguir por medio de políticas que afecten a la estructura industrial y/o la urbanización, entonces las regiones serán internamente homogéneas en su respuesta.

El tercer problema, el de introducir una restricción de contigüidad, está relacionado con el número de regiones seleccionadas. Una restricción de contigüidad dispone que dos áreas no pueden considerarse de la misma región a menos que sean contiguas. Esta limitación se introduce normalmente por los geógrafos al definir las regiones, pero no es estrictamente necesaria con fines de política económica. En el caso extremo, tendríamos una situación similar a la del Reino Unido en el período 1960-1966, cuando las áreas de percepción de los beneficios de política regional, se definían como el conjunto de localidades cuyas Bolsas de Empleo Locales, registraban una tasa alta de desempleo (del orden del 4 % o más, según el *Board of Trade*), desempleo que existía o se creía que era inminente. Esta política planteó problemas debido a su naturaleza fragmentaria y especialmente porque las áreas eran incluidas o no de acuerdo con los cambios en su prosperidad económica a corto plazo. No obstante, ello proporciona un claro ejemplo de regiones que están definidas en términos de homogeneidad sin la introducción de una restricción de contigüidad. Los principales problemas de omitir esta restricción radican en la dificultad de generar economías en las regiones de escaso desarrollo y en las filtraciones de los flujos de rentas generadas. «Ceteris paribus» cuanto menor es la región, menores son los efectos multiplicadores favorables a las economías locales. En grupos más amplios la propensión a importar tiende a ser más pequeña, de modo que para una inyección dada en gasto, mayor será el efecto final en la renta regional.

El concepto de polarización proporciona un enfoque bastante diferente a la delineación regional y sustenta en gran parte, la reciente argumentación en favor de concentrar los incentivos de política regional en centros de crecimiento específicamente definidos. Las dos características esenciales de las regiones polarizadas consisten en que las subáreas que las constituyen están funcionalmente interrelacionadas y colocadas en un claro orden jerárquico. Tales agrupamientos regionales pueden ser identificados por el uso de modelos teóricos (generalmente del tipo de modelo gravitatorio mencionado anteriormente) o por referencia a los datos empíricos en los flujos comerciales, los movimientos fabriles, los flujos del tráfico de carga, las comunicaciones telefónicas y otras variables que reflejan la intensidad de las intercomunicaciones. Boudeville demuestra algunas de estas posibilidades (38). El punto central es que, debido a la interconexión interna, los desarrollos económicos dentro de una parte de la región repercutirán en el resto de la región. De aquí, que los defensores de la política de centros de desarrollo arguyan que no es necesario suministrar incentivos generales para el desarrollo de amplias zonas: los instrumentos políticos deberían concentrarse en subáreas particulares dentro de cada una de las regiones menos prósperas. Esto facilita el desarrollo de economías externas e impide además, que la política regional se conduzca hacia imprudentes decisiones de localización en áreas particularmente impropias para el desarrollo industrial.

Sin embargo, hay dos importantes problemas a considerar. El primero es que, si es verdad que los efectos de desarrollo se transmitirán a lo largo de la «jerarquía interna» de las regiones polarizadas, no se sabe con certeza si estos efectos serán favorables o no. Es posible que la concentración espacial de la política regional pueda conducir a la intensificación de los problemas económicos en partes de las regiones menos prósperas. La situación es análoga a la de las «áreas grises», cuyos problemas vienen acentuados por su proximidad a las Areas de desarrollo en las que se ofrecen alicientes financieros a los industriales. Fundamentalmente, si esto es o no aceptable, depende de la forma en que los objetivos de política regional vengan especificados. Si se persigue una reducción de la variación interregional en las rentas per cápita, entonces una política de centros de crecimiento parece aconsejable; si estamos empeñados en una igualdad intrarregional, entonces no lo parece tanto. En segundo lugar, al igual que el enfoque de homogeneidad a la delineación regional, el enfoque de polarización no indica el número apropiado de regiones; de aquí, que los defensores de la política de centros de desarrollo deban adoptar otro criterio para decidir el número apropiado de tales centros. Evidentemente, se enfrentan a un dilema entre numerosos centros, posiblemente demasiado pequeños para desarrollar plenamente los efectos de las economías externas, y pocos centros, cada uno de los cuales es potencialmente un nuevo centro de congestión dependiendo de los (desconocidos) efectos propulsivos del nuevo desarrollo. La última política puede también dejar amplias áreas en un estado aún peor que antes, en cuanto a su habilidad para atraer nuevos desarrollos por sí mismos.

Un compromiso entre estos extremos se deriva de las sugerencias de McCrone (55). Distingue dos motivos en favor de la concentración espacial de las medidas políticas: eficiencia aumentada del gasto público y ventajas de la proximidad local entre diferentes procesos industriales. Hay escasa duda de que el gasto público, particularmente en infraestructura, tenga efectividad más alta de coste cuando esté concentrado en pocas áreas que cuando esté esparcido ampliamente por una región, lo que proporciona un claro argumento en favor de la concentración. Sin embargo, las ventajas de la proximidad local entre los diferentes procesos industriales pueden mostrarse más variables. La interrelación en la localización de empresas complementarias fue ya subrayada en la anterior sección 3, pero la importancia de tales nexos varía entre las industrias [ver Isard, Schooler, y Vietorisz (43)]. La cuestión es que el área geográfica relevante para el establecimiento de complejos de crecimiento industrial, no será probablemente la misma que para obtener la máxima eficiencia en el gasto público. Si, como sugiere McCrone, tiende a ser más grande, la política apropiada parecerá ser la que concentre el gasto público en los centros de crecimiento mientras anima a la industria a su propia elección local dentro de las regiones en desarrollo definidas más ampliamente.

Esta clase de compromiso está ganando aceptación en el oeste de Europa, principalmente en Francia, Bélgica y los Países Bajos. Noruega se apoya casi exclusivamente en una política de centros de crecimiento, en parte debido a sus características topológicas. En el otro extremo, el Reino Unido, Suecia e Italia se concentran en un amplio desarrollo de áreas estratégicas y en el grado en que ofrecen un sistema escalonado de incentivos regionales, proporcionan los subsidios más altos a las localidades específicas que tienen los problemas de desempleo más agudos, en vez de ofrecerlos a los que tienen los máximos potenciales de crecimiento.

EL TRABAJO A LOS TRABAJADORES, VERSUS, LOS TRABAJADORES AL TRABAJO

Dado que el problema regional se concibe como resultado de una mala distribución espacial de la demanda para una oferta laboral y dado que la política debería diseñarse para asegurar una mayor armonía entre las dos distribuciones, hay dos estrategias alternativas: o dirigir el trabajo hacia los trabajadores o dirigir a los trabajadores hacia el trabajo. Muchas de las discusiones de política regional, en el Reino Unido en particular, han estado dominadas por este desacuerdo sobre las ventajas políticas relativas de incrementar el capital o la movilidad laboral: ver, por ejemplo, Richardson y West (33) y Needleman y Scott (32). Permítasenos considerar brevemente ambos argumentos, exponiendo primero el de la escuela de los «trabajadores hacia el trabajo».

El argumento principal se refiere a las pérdidas de crecimiento económico que ocasiona la interferencia en la localización industrial. Se afirma que sólo cuando se les permite una elección libre, las empresas seleccionarán la localización óptima para sus plantas industriales y que cualquier restricción en la elección conducirá o bien a que las plantas no se establezcan, o que se establezcan en una localización inferior, resultando de ello una pérdida de eficiencia, o por último, que se establezcan en otro país sin tales restricciones. El resultado consistirá en pérdidas de productividad y en una tasa de crecimiento económico nacional por debajo del nivel alcanzable. Se dice que en la movilidad laboral no incurren tales costos económicos porque no hay interferencia con las decisiones locales de la industria. Se puede dar, por supuesto, un mayor alcance en la selección de las empresas, cuando las localizaciones pueden seleccionarse con el conocimiento de que aun cuando la oferta de mano de obra corriente puede ser inadecuada, la política regional de emigración laboral ayudará a asegurar que la oferta se materialice en cantidades adecuadas. Richardson y West llevan este argumento más lejos sugiriendo que la movilidad laboral «per se» es una condición necesaria para un crecimiento económico nacional rápido (33).

Muchos de los argumentos suplementarios para una política de movilidad laboral se basan en las dificultades prácticas de idear una política para influir en la movilidad del capital sin desanimar la eficiencia. Por ejemplo, se considera que muchos de los subsidios pagados a las empresas en áreas menos prósperas alientan el estancamiento industrial, porque no se hace distinción entre negocios eficientes e ineficientes. También es posible que los subsidios se deban pagar a empresas en expansión en áreas menos prósperas que hayan decidido establecerse allí, aún sin el subsidio. De aquí, que el coste al erario público de la política regional se considere innecesariamente amplio en relación con los beneficios que reporta.

Los argumentos suministrados por los defensores de la política de dirigir el trabajo a los trabajadores, empiezan generalmente por negar la argumentación anterior. Ante todo, sugieren que las interferencias en las decisiones privadas de localización de las empresas no reducirán necesariamente el crecimiento económico regional. Hay tres cuestiones esenciales aquí: la primera es que, para muchas industrias, los costos varían poco entre alternativas de localización —ver Nicholson (56) y Luttrell (54)— de modo que los costes incrementarán poco por apartar a las empresas de su propia selección. Segundo, las empresas no seleccionan necesariamente el lugar óptimo cuando se las deja tomar sus propias decisiones de localización; como vimos anteriormente, la elección viene a menudo determinada en base a un criterio de satisfacción más que de maximización. De aquí que el cambio en la dirección de la industria no suponga necesariamente que se involucren costes adicionales privados y los que realmente en algunos casos podrían reducirse. El tercer punto es que la base del argumento de «pérdida de eficiencia» se expresa totalmente en términos de costes privados en vez de costes sociales. Y dado que la propia justificación de la intervención reposa en esta distinción, parece extraño ignorarla al considerar las políticas reales que se decretan.

Este tercer punto se apoya en las tres fuentes específicas de divergencia entre los costes privados y los sociales: costes de congestión, costes de capital social y costes culturales. El primero de ellos, como ya hemos notado, se considera sólo en la medida que repercute en los costes privados. De aquí, que el argumento de la política regional de que debería evitarse cualquier influencia directa de localización industrial, es altamente dudoso, pues equivale a animar la congestión, o al menos a afirmar que los costes sociales de congestión son un precio valioso pagado por la mayor libertad locacional dada a la industria.

El argumento del capital social tiene una base similar. Al tomar las decisiones de localización, las empresas —y las unidades de consumo en este sentido— no consideran plenamente los costes impuestos por la comunidad para suministrar los servicios sociales en la localización elegida. Necesitan tenerlos en cuenta solamente en la medida que esos costes repercuten directamente en los consumidores del servicio, y dado que la mayor parte de los servicios sociales se financian mediante tributación general, esta carga directa se exige raramente. Esto proporciona un argumento contra la salida de mano de obra de las áreas en las que el capital social (escuelas, hospitales, carreteras, etc.) se está subutilizando con destino a las áreas inadecuadas para las demandas existentes. Como el argumento contra los estímulos de los trabajadores de trasladarse hacia el trabajo no es concluyente, especialmente cuando se considera la calidad del capital social en las regiones menos prósperas, no obstante, sirve como ilustración de que los costes sociales para animar la movilidad en el capital son generalmente menores que los relativos a la movilidad laboral.

El argumento cultural se basa fundamentalmente en que la migración laboral reduce la variación de la cultura interregional. Los emigrantes tienden a olvidar los dialectos locales y abandonan sus costumbres, con el resultado de que cuanto mayores son los movimientos laborales interregionales, menos diverso llega a ser el país desde el punto de vista cultural. Muchos lo considerarían como un costo social, y el hecho de que no pueda ser por el momento cuantificado, no quiere decir que se deba ignorar.

Los defensores de una política del «trabajo a los trabajadores» también arguyen que la solución del problema regional por la migración laboral no sólo es socialmente indeseable, sino que económicamente es ineficiente. En primer lugar, debe reconocerse que la migración tiene un efecto depresivo en la economía de la región donante y un efecto expansivo en la región receptora. Hay tres razones para ello: efectos multiplicadores, efectos inversores y efectos en la calidad de la fuerza laboral. Cuando un emigrante abandona su región, la renta regional se reduce por el valor de sus ingresos (o subsidios si no tiene empleo) más los efectos multiplicadores debidos a la correspondiente reducción del consumo. Contrariamente, la renta de la región receptora se incrementa por el valor de sus nuevos ingresos personales más los efectos multiplicadores debidos al resultado de incrementar el consumo. A estos efectos puede añadirse el impacto probable de la migración en la inversión regional. Esto se ve más claramente en términos de gastos de infraestructura: la región receptora probablemente incrementará el gasto en capital social, originando además un incremento en la renta y en la demanda laboral de la región. Por otro lado, la renta y la demanda laboral descenderán posteriormente de la región donante debido al nivel más bajo del gasto de infraestructura que se necesita para mantener los servicios sociales normales. Así, como Thirwall resalta, la migración laboral tenderá a exagerar el problema regional al añadir demanda laboral en las regiones que ya tienen exceso de demanda y sustrayendo ésta a las regiones que sufren de exceso de oferta (34). Finalmente, se debe reconocer que la migración laboral tiene un impacto a largo plazo en la calidad de la fuerza laboral. Friedmann subraya que son los sectores más jóvenes y más atrevidos de la población los que tienden a ser más movibles (60). Y dado que tales personas tienden a ser los «empresarios del mañana», los procesos migratorios tenderán a añadir presiones expansivas posteriores a las ya existentes en las regiones más prósperas a expensas de las menos prósperas.

Por último, está la cuestión recurrente acerca de la naturaleza del desempleo en las regiones menos prósperas. Algunos de los parados involuntarios no se revelan en las estadísticas, pero están ocultos en las tasas de baja actividad. Muchas de estas personas son mujeres casadas que no emigrarán a otra área para obtener un trabajo, porque esto involucraría desunir la familia. Argumentos similares deben aplicarse a jóvenes en edad escolar que permanecen en la escuela debido a la escasez de oportunidades locales. Debería quedar claro que la efectividad de la movilidad laboral para trasladar las diferencias de desempleo regional viene reducida por la naturaleza mixta de la oferta laboral.

En resumen, parece que los argumentos abogan en favor de la escuela de los que creen que el «trabajo a los trabajadores», según refleja la política regional del Reino Unido y también la de la Europa occidental. Por supuesto, no se sigue de ello que las dos políticas sean mutuamente exclusivas; la mayor parte de Gobiernos así lo reconocen al conceder cierta asistencia a la movilidad laboral. Suecia y Finlandia han insistido particularmente en medidas que facilitan la movilidad laboral y los problemas sociales resultantes. Los países del Mercado Común también confían fuertemente en la movilidad como un mecanismo equilibrador tanto dentro de las regiones como entre ellas mismas. La movilidad del capital y de la mano de obra es uno de los principios básicos del desarrollo de la CEE, pero hasta la fecha, ninguna política regional común se ha establecido y las seis naciones usan medidas distintas de política con el fin de atraer la industria a las regiones con exceso de mano de obra. En Canadá, el *Area Development Agency* y el *Atlantic Development Board* ofrecen incentivos a las empresas para que se establezcan en determinadas regiones, mientras que el *Department of Forestry* y el *Rural Development* procuran ayudar a la mano de obra que abandona las áreas rurales pobres. Finalmente, el Reino Unido da énfasis a las políticas para desviar industrias, si bien entre los instrumentos políticos existentes hay algunos que actúan sobre la movilidad laboral. Sin embargo, debería advertirse que la política de subvención de los costes de transferir los trabajadores clave con sus patronos a un Area en desarrollo tiene una influencia destacada en la movilidad de capital. A primera vista parecería ser un estímulo a la movilidad laboral, pero su principal efecto es incrementar la afluencia de capital a las regiones menos prósperas al reducir uno de los problemas asociados a la redistribución espacial de las empresas.

Capítulo 5

Los instrumentos de la Política Regional

POLITICA DE GASTOS

La primera arma del Gobierno es introducir una variación regional sistemática en su desembolso en cuentas corrientes y/o de capital. Tal política se diseña generalmente para asegurar el equilibrio entre la oferta y la demanda agregada a nivel regional. El resultado será que el Gobierno propondrá un presupuesto con superávit en algunas regiones y con déficit en otras. Esto ocurriría normalmente aun sin una dimensión regional explícita en la política de gastos del Gobierno, siempre que las tasas de tributación se elevaran y las de gastos (en subsidios, etc.) cayeran al incrementarse la renta regional. La dimensión regional explícita en la política de gastos tiende a incrementar todavía más estos superávit y déficit. La cuestión importante es su tamaño, lo que depende a su vez de los objetivos políticos que se persiguen. Así, dado el fin de minimizar las diferencias regionales de desempleo, los déficit deberían ser mayores cuanto mayor sea el nivel predicho de desempleo y menor el valor del multiplicador regional de empleo (el cual a su vez es menor cuanto mayores sean las propensiones marginales de la región a importar y a ahorrar).

Considérese un segundo objetivo: la igualación de la

renta regional. Reiner ha desarrollado un modelo sencillo para mostrar cómo se debería distribuir un gasto dado (X) entre dos regiones (*a* y *b*) para igualar la renta per cápita en una fecha fijada (8). Dados los datos de los ingresos totales (Υ), la población (N) de cada región y los valores de los multiplicadores regionales (M), el valor del gasto del gobierno debe distribuirse para la región *a* como sigue:

$$X_a = \frac{(\Upsilon_b + M_b X) / N_b - \Upsilon_a / N_a}{M_a / N_a + M_b / N_b}.$$

El valor del gasto que le corresponde a la región *b* es $X\text{-}X_a$. Tal distribución igualará la renta per cápita en las dos regiones en el período planeado (dados ciertos supuestos sobre la naturaleza compensadora de los efectos de transvase *('spillover effects')* entre regiones y la estabilidad del valor del multiplicador entre los diferentes sectores en los que se inyecta el gasto).

Se podría considerar un criterio alternativo. Una posibilidad es la de distribuir el gasto entre las regiones en proporción inversa a la renta per cápita. De ello resulta un valor del gasto en la región *a*:

$$X_a = \frac{(\Upsilon_b / N_b) X}{\Upsilon_b / N_b + \Upsilon_a / N_a}.$$

Tal distribución tenderá a producir una participación más pequeña del gasto para las regiones menos prósperas que la distribución previamente considerada. Esto es consecuencia del hecho de que los efectos del multiplicador regional hayan sido ignorados. De aquí que tal distribución no resultará una igualación completa (dados los valores del multiplicador regional en exceso de unidad).

Una participación todavía más pequeña de los fondos públicos sería la que recibiría la región más pobre si la distribución se efectuara en proporción directa a la población. En tal criterio se basan muchas políticas del gasto, particularmente las que se refieren a los servicios sociales (aunque la distribución puede basarse en la de algún subsector de la población; por ejemplo, distribuir el gasto de la educación de acuerdo con el número de personas en edad escolar en las diferentes regiones). El que resulte una igualación en prosperidad depende entre otras cosas del tamaño relativo de los multiplicadores regionales: si el efecto multiplicador es mayor en la región menos próspera, tal distribución del gasto tenderá a estrechar las diferencias regionales de prosperidad económica, pero si es mayor en regiones más prósperas, las diferencias regionales en prosperidad tenderán a ensancharse.

Esto demuestra la importancia de considerar las filtraciones de las economías regionales al formular los planes regionales. Las regiones son esencialmente economías abiertas. La expansión económica de una región tiene efectos de transvase en otras, debido a los artículos importados con el gasto adicional. Esto significa que el impacto geográfico de los ingresos, el empleo, etc., de las inyecciones de gasto no puede pronosticarse exactamente sin conocer las relaciones interregionales e intersectoriales. Los multiplicadores regionales empleados en el modelo de Reiner pueden estimarse por métodos como los propuestos por Archibald (36) y Steele (45). Sin embargo, tal información agregada cae todavía lejos de la ideal. Los efectos multiplicadores de las inyecciones a la economía regional deben variar considerablemente de acuerdo con el sector en que se inyecta. El análisis input-output interregional puede ser de cierta ayuda en este caso. Como se indicó anteriormente, es esencialmente un instrumento estadístico, pero dada la distribución sectorial de la inyección de gasto, es posible señalar los efectos en la demanda regional final. Alternativamente, dado el impacto deseado en la renta regional, es posible usar el análisis input-output para determinar cómo el tamaño de la inyección necesaria varía de acuerdo con el sector[1]

1. Una introducción útil al análisis «input-ouput» (que incluye

Un problema relacionado, al considerar el efecto de las diferentes políticas del gasto es el de los efectos a largo plazo en la distribución de la industria. El análisis input-output no los refleja, pero son particularmente relevantes en el caso de una inversión pública en infraestructura. Se dice a menudo que tiene un impacto en la economía regional por encima del efecto normal de su multiplicador. Realmente, la justificación común para acudir a las mejoras de infraestructura como instrumento de política regional, es la de que, al alterar la atracción relativa que ofrecen las regiones al nuevo desarrollo se cambia la distribución espacial de los sectores industriales a largo plazo. Ha habido cierta investigación sistemática de los determinantes de la localización industrial —véanse, por ejemplo, los estudios de Luttrell (54) y Cameron y Clark (49)— investigación todavía inadecuada para especificar el efecto agregado de la inversión en infraestructura sobre la demanda laboral, a largo plazo, en las diferentes regiones. Ciertamente, es importante reconocer que la infraestructura de inversión puede tener efectos propulsivos. El énfasis en el desarrollo de las autopistas en Italia y en Bélgica, y en menor grado en el Reino Unido, es un reflejo de ello. Sin embargo, según argumenta Brown en su nota para manifestar su disidencia con el *Hunt Report*, la efectividad del coste en mejoras de infraestructura tendría que demostrarse que es mayor que la de los incentivos directos a la industria para que pudiera preferirse tal política (57). Esto es así porque el coste real —en términos de recursos apartados de otros usos— es relativamente alto, lo que sugiere que la mejor actitud hacia la inversión en infraestructura es lo que los franceses llaman *accompagnement* en vez de *entrainement* —acompañando población y crecimiento industrial más que intentando instigar este último—. Sin embargo, este punto no

---

un capítulo de aplicaciones regionales) es la de C. Yan, *Introduction to Input-Output Economics* (Holt, Rinehart & Winston, Nueva York, 1969).

puede sostenerse firmemente ya que no conocemos bastante acerca de la fuerza de las complementariedades entre inversión pública y privada. Además, si creemos que el Gobierno tiene la responsabilidad de planificar el desarrollo regional, y no sólo la de corregir las congestiones que se deben a la inversión privada, de ello se sigue que el Gobierno tiene la obligación de tomar la iniciativa en el proceso de desarrollo.

Esto nos lleva al problema general de usar políticas de gasto en el desarrollo regional —los costes de oportunidad. Para dirigir una parte de los fondos más que proporcional a una región, se requiere que el gasto se economice en otras regiones. Y dado que gran parte del gasto del gobierno está directamente relacionado con demandas sociales apremiantes (de escuelas, carreteras, hospitales, etc.), los costes de oportunidad de esta clase de redistribución pueden llegar a ser, probablemente, una poderosa política. Esto es particularmente cierto, porque las presiones sobre el capital social existente es probable que sean más fuertes en las áreas en las que, de acuerdo con este tipo de políticas, debiera reducirse su parte de gasto gubernamental.

Sin embargo, hay varios métodos por los cuales un gasto gubernamental más directo debería emplearse más ampliamente en la promoción del desarrollo regional. En primer lugar, cualquier Gobierno tiene un control relativamente fuerte sobre las industrias nacionalizadas; y los cambios a largo plazo podrían llevarse a cabo en su localización, sujetos a restricciones impuestas por la naturaleza de los bienes y servicios producidos. Italia ha empleado esta política para asegurar una mayor participación en el desarrollo industrial del Mezzogiorno, pero no se ha empleado extensamente en ningún otro país. La descentralización de las oficinas del Gobierno es una segunda política afín a la anterior, sobre la que se ha hecho cierto progreso en el Reino Unido, donde los departamentos han establecido unidades administrativas importantes en Escocia, Gales, Merseyside y en la región Norte. Una posibilidad ulterior se sugiere con la implantación de «Nuevas Ciudades» y de polígonos industriales. Estos desarrollos pueden emplearse no meramente como remedios para la congestión intrarregional sino que, las «Nuevas Ciudades» están planeadas como «centros de atracción» en vez de «ciudades-dormitorio», como medio para influenciar la asignación de recursos entre regiones. La creación de capitales enteramente nuevas como Canberra (Australia) y Brasilia (Brasil) son notables ejemplos, aunque no enteramente motivadas por consideraciones de economía regional. Finalmente, queda la posición del sector público como comprador. El Reino Unido opera bajo dos esquemas: preferencia de contratos y preferencia general. Bajo el primero, las empresas en las Areas de desarrollo tiene la oportunidad de obtener el 25 % de un pedido si la oferta más baja proviene de una empresa externa a las Areas de desarrollo, con tal que no haya incremento en el coste total del Gobierno. Bajo el segundo esquema, los contratos se dan automáticamente a las empresas en las Areas de desarrollo si sus ofertas son iguales en todos los conceptos a las recibidas de las empresas externas a las Areas desarrolladas. Tales esquemas son evidentemente muy moderados, pero pueden extenderse dando preferencias más positivas a las regiones menos prósperas, aun para un costo en términos de precios más altos en las ofertas. Como se ha subrayado en una reciente publicación del Partido Laborista, los efectos de tal política podrían ser revolucionarios (51).

POLITICA DE PRECIOS

Las políticas de precios se definen por medio de tasas y subsidios cualesquiera que den lugar a discriminación regional. Estas tasas y subsidios pueden aplicarse a los factores o a los productos de los procesos productivos: la cuestión está en que cambian los precios relativos entre regiones.

Cambios en los precios de los factores

Los ejemplos más obvios de tal política son las facilidades de inversión, impuestos y subsidios al personal (o descuentos tal como en el Reino Unido, las primas de Empleo Regional) y los préstamos a interés reducido. El efecto deseado es una reducción de los costes de produción en las regiones menos prósperas con relación a los de las regiones más prósperas, conduciendo a una expansión de producción relativa en las áreas primeras. Tales políticas se han aplicado ampliamente en Francia, en los Países Bajos, Suecia y Alemania Occidental, así como en el Reino Unido. Hay dos problemas recurrentes: si concentrarse en cambiar el precio de la mano de obra o del capital, o si se debería aplicar una mayor selectividad en la distribución de tales subsidios, concesiones, etc.

El argumento del subsidio al capital *versus* subsidio a la mano de obra o subsidio laboral ha recibido un tratamiento extenso en la literatura económica. Borts, por ejemplo, demuestra que un subsidio salarial es siempre preferi-

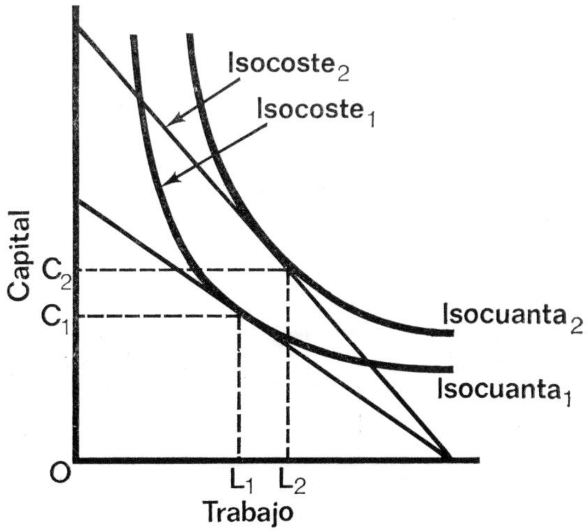

Fig. 2

ble a un subsidio de capital, pero su modelo está basado en el supuesto de que la oferta laboral es perfectamente inelástica, mientras que la oferta de capital es perfectamente elástica (29). Supuestos distintos dan lugar a conclusiones opuestas. Es importante no caer en la trampa de olvidar que los subsidios diferenciados regionalmente tienen dos efectos: (1) en la demanda de factores por las empresas ya establecidas en las regiones favorecidas y (2) en la distribución a largo plazo de los sectores industriales entre regiones.

El primero puede analizarse en términos de la metodología usual de la estática comparativa. Considérense los efectos de un subsidio de capital sobre el nivel de empleo. Caben, esencialmente, dos posibilidades como se muestran en las figuras 2 y 3.

En cada caso, el efecto de un subsidio de capital consiste en cambiar los precios relativos de los factores de la isocoste 1 a la isocoste 2. En la figura 2 esto conduce a un incremento en el capital utilizado (de OC_1 a OC_2), pero también produce un incremento en la mano de obra empleada (de OL_1 a OL_2): esto es así porque el efecto producción en

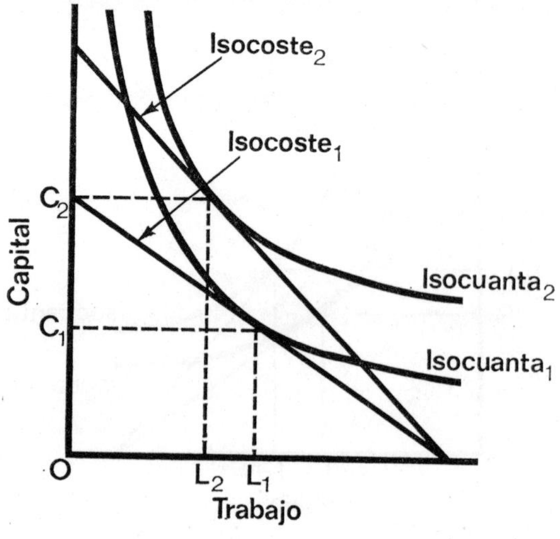

Fig. 3

la demanda de trabajo por un cambio relativo del precio, pesa más que el efecto sustitución.

En la figura 3, el efecto del subsidio consiste en incrementar el capital empleado (de OC_1 a OC_2) si bien reduciendo la mano de obra empleada (de OL_1 a OL_2): aquí el efecto producción en la demanda laboral pesa menos que el efecto sustitución. Resulta pues que el que los subsidios de capital conduzcan o no a incrementar el empleo, depende de la naturaleza de las funciones de producción. Esta condición no concierne a los subsidios laborales: estos siempre tienden a incrementar el empleo, porque los efectos producción y sustitución en la demanda laboral, actúan en la misma dirección. Un subsidio a la mano de obra conduciría a una sustitución de trabajo por capital (dependiendo de la elasticidad de la sustitución técnica) y a un incremento en la demanda laboral como resultado de la tendencia de los subsidios a conducir a una expansión del producto. Se deduce, de ello que, dado un objetivo de reducir las diferencias regionales en el desempleo laboral, una política de tasas y subsidios laborales diferenciados regionalmente tendrá un efecto más certero que una basada en tasas y subvenciones al capital. Esta es una regla general útil, aunque sujeta a tres salvedades. En primer lugar, está la cuestión del porcentaje del coste de la mano de obra dentro del coste total de la producción: si es pequeño, también lo será el efecto en la creación de puestos de trabajo por los subsidios laborales. Segundo, es posible que los subsidios de capital tengan un efecto más directo en el nivel de la productividad laboral, conduciendo a incrementos en la renta regional y a la posibilidad de un crecimiento orientado hacia la demanda (como opuesto al crecimiento orientado hacia la exportación que sigue a las reducciones del precio regional). En tercer lugar, está la cuestión de los objetivos comerciales: los empresarios pueden estar influenciados por los diferentes subsidios en mayor o menor grado de lo que sugiere su valor real tras impuestos. En este caso ningún análisis de los méritos relativos de los subsidios de capital y de trabajo que presupongan la maximización del beneficio, será estrictamente relevante.

Volviendo a los efectos sobre la distribución a largo plazo de la mano de obra, sólo podemos decir que la efectividad relativa de los subsidios al capital y a la mano de obra depende de su relativa atracción sobre las empresas potencialmente movibles. Bajo el supuesto de maximización del beneficio, los subsidios a la mano de obra tendrán un mayor atractivo para las empresas con factor trabajo intensivo, siendo éste presumiblemente el efecto deseado, dado que el problema regional se contempla en términos de desempleo. Por otra parte, la teoría económica como tal, tiene relativamente poco que decir al respecto: se convierte en una cuestión puramente empírica relativa a si se generan más oportunidades de empleo por la entrada de empresas como resultado de un tanto por ciento x de subsidio al capital o un tanto por ciento x de subsidio laboral.

Los recientes cambios políticos han tendido a favorecer el uso de los subsidios laborales para reducir las diferencias de desempleo regional. La introducción de la prima de empleo regional en el Reino Unido, en 1966, puede considerarse como un paso dado en esta dirección, pero aún ahora, como porcentaje del promedio de los costos salariales, es menor que los subsidios de capital ofrecidos. No es de sorprender que alguna de las nuevas industrias atraídas hacia las Areas de desarrollo sea de factor capital intensivo en sumo grado. Tales industrias pueden procurar una base para el crecimiento a largo plazo de las regiones, pero su impacto directo a corto plazo en el empleo es a menudo muy pequeño (si se excluye el empleo adicional generado por el propio proceso de construcción). Otros países europeos han tenido una experiencia similar, pero el argumento del subsidio al capital *versus* subsidio laboral ha tendido a llegar a oscurecerse por la discusión de los méritos relativos de las estrategias «centro de crecimiento» y «amplia región de desarrollo». Dado que el criterio para la selección de las Areas de desarrollo se refiere más a su desarrollo potencial que a su fortaleza económica corriente, la atención se desvía de la reducción de las diferencias existentes en el desempleo regional como *raison d'être* de la política regional. La política llega a definirse en términos de objetivos a largo plazo, definidos más vagamente, relativos al equilibrio interregional. Esta reducción en el énfasis de los problemas del mercado laboral a corto plazo reduce el peso aparente del asunto de relacionar los subsidios con el número de parados. Sólo se reduce su peso «real» si los objetivos políticos están definidos explícitamente en términos de algún otro objetivo que el de reducir el desempleo corriente.

La cuestión de selectividad es diferente, tanto desde el punto de vista teórico como del práctico. Muchos de los móviles para expansionarse en las Areas de desarrollo del Reino Unido son automáticos (con la sola excepción de las facilidades en la edificación, que están condicionadas a la creación de empleos), a diferencia de Francia e Italia, donde están normalmente limitados a los proyectos aprobados. El argumento frecuentemente repetido para apoyar este último tipo de política, es que sin selectividad muchas de las concesiones y de los subsidios pagados se malgastan porque, en vez de incrementar el empleo, se dirigen principalmente a incrementar los beneficios. Esto se considera generalmente censurable, en particular, donde el efecto es mantener empresas ineficientes en marcha. Sin embargo, el argumento no acaba de convencer. Los incrementos en los beneficios pueden conducir a una expansión del empleo en cualquier otra parte de la economía regional, dependiendo de las propensiones al ahorro y a la importación. Más fundamentalmente, el beneficio social de mantener ciertos niveles de empleo en las regiones es el que proporciona uno de los argumentos en favor de la política regional de precios. Así, desde un punto de vista social más amplio, el sostenimiento de empresas que son ineficientes en términos de economías privadas, no es necesariamente ineficiente. En cualquier caso, es extremadamente difícil idear un sistema que logre seleccionar sin violentar de modo considerable los criterios de equidad y eficiencia. La selectividad requiere que se establezcan instituciones para decidir tipos de facilidades, impuestos, etc., en base al número de lugares de trabajos creados, ocupaciones calificadas que supone, localización específica elegida, etc. Se precisan decisiones burocráticas de considerable habilidad si se quieren cortar conflictos recurrentes entre el Gobierno y las industrias. El escrutinio separado de las propuestas de expansión de cada empresa debe conducir a retrasos en el desarrollo e invita a acusaciones de arbitrariedad y corrupción.

Cambios en los precios del producto

Un sistema regionalmente diferenciado de reembolsos a la exportación, impuestos y subsidios podría establecerse para cambiar los precios del producto en bases regionales. Tal política no es directamente sustituible por una que afecte a los precios de los factores, pero sus objetivos son similares en que la intención es dirigir el crecimiento hacia las regiones menos prósperas. Podría considerarse que opera como una devaluación regional. El problema central es que, como cualquier impuesto o subsidio sobre el producto, sus efectos dependen de las elasticidades de la demanda y de la oferta. Habrá un impacto directo relativamente pequeño en los niveles de producción cuando las elasticidades de los precios sean bajas. Aun en el caso de que las elasticidades de la demanda y de la oferta sean altas, habrá una pequeña creación de empleo en circunstancias en las que los ratios capital/producto sean grandes en el margen. Evidentemente, las condiciones de mercado y de la producción deben ser adecuadas para que las políticas de precios del producto tengan el efecto regional deseado. Esta incertidumbre, junto con los problemas de puesta en ejecución de las políticas de subsidio al producto, en las épocas en que se hace uso de políticas deflacionarias a escala nacional, explican la repugnancia general de los Gobiernos al empleo de tal política.

La discriminación regional de los impuestos sobre los beneficios es una medida alternativa, aunque no directamente concebida para cambiar los precios del producto. No tendría un efecto directo sobre el producto y los puestos de trabajo de las empresas ya establecidas en las áreas menos prósperas (suponiendo la maximización del beneficio). Sin embargo, afectaría el atractivo relativo de las diferentes áreas para las empresas enfrentadas a problemas de expansión o de nueva localización. El problema consiste en que, como cualquier otra reducción en el tipo de impuesto sobre los beneficios, el ahorro es mayor en la empresa con una rentabilidad más alta que con una más baja. Esto puede estar justificado en virtud de sus efectos estimulantes, pero supone problemas para las empresas en áreas menos desarrolladas. Por ejemplo, ello significa que los privilegios tributarios son de menor cuantía para las empresas en los primeros años, cuando están haciendo frente a estos costes iniciales y requieren mayor asistencia. En tales consideraciones se basó el cambio de política de 1967 de Canadá, cuando los incentivos para la localización en las áreas menos prósperas se cambiaron, pasando de otorgar incentivos tributarios a conceder facilidades en efectivo [véase Brewis (59)].

CONTROLES

Los controles pueden considerarse como un caso extremo de la política de precios: o se concede el permiso para el desarrollo (lo que significa impuestos nulos) o se rehusa (lo que supone impuestos infinitos). Tal es el caso de los certificados de desarrollo industrial y de los permisos de las oficinas de desarrollo en el Reino Unido. Los primeros se introdujeron en 1947, requiriéndose tal permiso para toda nueva propuesta de desarrollo por encima de cierto volumen, aunque rara vez se rehusa en las Areas de desarrollo. El control de la oficina de desarrollo se añadió en

1964, con la intención de controlar la congestión en el South-east y más tarde, en los Midlands. Estos instrumentos juntos constituyen un control más riguroso del que existe en cualquier otro país de la Europa occidental. Los franceses intentan restringir el desarrollo en la región parisina, pero los efectos redistributivos están mucho más localizados.

La primera cuestión a resaltar es que la existencia de los controles junto a otras políticas regionales (tal como concesiones inversionistas y subsidios de trabajo) es como admitir la inadecuación de estas últimas políticas. Si dieran resultado, no se necesitarían los controles. Sin embargo, de las dos posibles razones del fracaso de las políticas de precios regionales, sólo una ofrece una buena justificación para los controles. Las dos posibilidades son: que el número de concesiones, impuestos, subsidios, etc., no sea el requerido para el ajuste entre los costes privados y los públicos en localizaciones alternativas, y que las empresas no reaccionen ante las concesiones, impuestos, subsidios, etc., de forma que se dé lugar a una redistribución óptima de los recursos. La primera requiere un incremento de los desembolsos en estímulos locacionales; la segunda puede justificar el uso de controles. Por ejemplo, si los empresarios no buscan localizaciones de máximo beneficio, entonces su elección del lugar puede ser bastante insensible a las diferencias regionales de precios de factores y productos (puede ser más sensible a la vecindad de competiciones de golf o a los dictados de sus esposas). De aquí, que aún con políticas «ideales» de precios regionales que igualen los costes privados y públicos en todas las localizaciones, se pueda precisar la represión burocrática en interés de las regiones menos prósperas [1].

1. Este es precisamente un caso particular de política económica del «*Second-Best*». El abandono de las empresas de la maximización de sus beneficios significa la violación de uno de los supuestos usuales de la teoría económica; si no puede restablecerse,

Uno de los problemas de los controles es el de estimar su impacto en la expansión industrial agregada. Realmente, hay muy poca evidencia del efecto en el crecimiento de la producción total o en los niveles de productividad. La Confederación de la Industria Británica ha realizado estudios, pero su conclusión de que el control de los IDC debería desecharse, porque «se aplica más liberalmente de lo que generalmente se cree» y porque «el crecimiento se pierde... a cuenta de la aplicación estricta del control de IDC» (50), es claramente inconsistente. Lo que es cierto es que cualquier relajación en los controles de desarrollo de países como Gran Bretaña y Francia conducirá a incrementar la congestión en el Centro y disminuirá el crecimiento industrial en las regiones menos prósperas. Esto sugiere que más bien que abolir controles, debiera contemplarse la posibilidad de reemplazarlos por un sistema de impuestos sobre la congestión. Esto podría considerarse como una parte del esquema descrito anteriormente de gradación de regiones, desde las que el desarrollo está sujeto a impuestos a las que tienen subsidios elevados. Tal sistema tiene la ventaja adicional de que el impuesto pagado por los industriales que se expanden en las zonas congestionadas podría subvencionar, cuanto menos, parte de los costes sociales impuestos a la comunidad. Además, la introducción de un impuesto sobre la congestión serviría para resaltar la importante cuestión de que las reducciones en el crecimiento económico nacional no son necesariamente incompatibles con el máximo bienestar social. Así, sumado a los efectos de redistribución, un impuesto sobre la congestión podría tener un efecto en el producto agregado, pero dado que el impuesto sobre la congestión está concebido para reconciliar los costos privados y los públicos, este efecto podría verse como un mo-

---

entonces la política ideal puede diferir de la sugerida por el análisis usual de eficiencia locacional. Estos problemas secundarios son tan arduos en la política regional comc en cualquier otro aspecto de la economía.

vimiento que se dirige hacia el nivel óptimo de la actividad económica en vez de apartarse de él.

LA REDUCCION DE LA INMOVILIDAD DE LOS FACTORES

Como se indicó anteriormente, la reducción de la inmovilidad de los factores es la implicación más obvia de una política que se desprende de las teorías de crecimiento regional, basadas en la reasignación de recursos. Hay tres importantes modos por los que la política puede actuar sobre la inmovilidad de los factores: por eliminación de las imperfecciones del mercado, causantes de la inmovilidad; por políticas a largo plazo, que cambien las cualidades de los factores más inmóviles y por subsidios directos a los factores migratorios.

En la primera categoría quedan comprendidas las políticas para incrementar la movilidad laboral mediante estímulos a los sistemas de convenios salariales de carácter local más que de alcance nacional. Estos últimos sistemas impiden que aparezcan diferencias de renta regional como simple reflejo de las diferencias de desempleo regional. De aquí que los incentivos a la migración serán inadecuados para asegurar que las diferencias de desempleo regional se reducen. Un sistema de convenios salariales de índole local permitirá que los mecanismos de mercado trabajen más libremente. Un efecto similar resultará de la abolición de la legislación del salario mínimo (donde exista). Este es otro obstáculo a la libre actuación del sistema de precios en el mercado laboral y, por lo tanto, reduce los flujos migratorios. Alternativamente, el Gobierno podría intervenir exigiendo de hecho tributos adicionales sobre las rentas laborales en las regiones más prósperas y reduciéndolos sobre las rentas percibidas en las regiones menos prósperas. Habrá considerables dificultades administrativas, pero el efecto general será el de hacer que los salarios netos queden más cercanos a los niveles de equilibrio en las diferentes regiones. Obsérvese, sin embargo, que todas estas políticas estarán en pugna con los objetivos de igualdad a corto plazo, lo que explica su impopularidad política.

La información inadecuada constituye otra imperfección del mercado. Como se hizo notar anteriormente, muchas teorías de localización suponen un conocimiento perfecto. De hecho, el trabajo y el capital permanecen inmóviles de modo ineficiente debido a la falta de conocimiento de las oportunidades de otras regiones. El papel del Gobierno es evidente a este respecto: hacer públicas a nivel nacional las oportunidades de inversión en las regiones en las que la mano de obra es copiosa y las oportunidades para el empleo en las regiones en las que el capital abunda. Esta difusión de la información debe valorarse también en términos de la transmisión del progreso técnico. Las regiones menos prósperas tienen frecuentemente un *stock* de capital de edad media mayor que el de las regiones más prósperas. La extensión de nuevas técnicas a esas áreas mejorará su posición competitiva a largo plazo.

El segundo grupo de políticas tocante a la movilidad se refiere a la cualidad de los factores por sí mismos. Los subsidios a la educación y a la formación están en esta categoría, porque incrementan el número de empleos que un hombre puede emprender, por lo que normalmente incrementan la posibilidad de encontrar un empleo en otra región (o claro está, en su propia región). Así, en el Reino Unido se han dado generosas facilidades para la formación tanto «en el trabajo» como en los centros gubernamentales. Tales políticas ayudan a reducir el problema del desempleo que resulta de la excesiva dependencia de áreas particulares en industrias determinadas. Pueden haber también efectos a largo plazo en las actitudes a la migración, pero no es posible estimarlos sin encuestas más extensas sobre actitudes.

El tercer método importante para estimular la migración es por medio del subsidio directo. Difiere de lo que anteriormente llamamos política de precios, en que en vez de dar incentivos colectivos para el desarrollo de las regiones menos prósperas a través del cambio relativo de los precios de los factores y/o de los productos en una base geográfica, los incentivos se proporcionan sólo a los factores entrantes. Esto podría aplicarse a la mano de obra mediante concesión de subsidios o facilidades, ofrecimiento de subsidios temporales para vivienda u otros recursos para sufragar los costes de nuevo establecimiento. También se podría aplicar al capital, pero el problema con tal política es que no da incentivos comparables a las empresas ya establecidas en las regiones menos prósperas para ampliar su producción. De aquí que un esfuerzo concertado para expansionar la demanda laboral en las regiones menos prósperas mediante subsidios al capital inmigrado, requerirá que tal política se complemente por alguna forma de estímulo para las empresas establecidas localmente.

Por último, debería resaltarse que la movilidad laboral puede ser un método socialmente indeseable para resolver el problema regional aun siendo económicamente eficiente. La distinción de la oferta y demanda de factores son espacialmente interdependientes: indicamos anteriormente que la movilidad laboral puede añadir presiones inflacionistas a las regiones más prósperas y causar un desempleo más amplio en las menos prósperas. Además, la migración laboral puede tener costes sociales en términos de unión familiar y de preservación de las culturas regionales. Quizá la política más equilibrada referente a la movilidad de los factores es la de suprimir los obstáculos suministrando información, educación, etc. Ir más adelante es menos justificable. La ironía está en que los políticos de derechas que defienden la solución de los problemas regionales por medio del incremento en la movilidad interregional, son frecuentemente los defensores más acérrimos de las barreras a la movilidad a nivel internacional.

Capítulo 6

Cuestiones remanentes

Los instrumentos de política regional del tipo de los sugeridos en el último capítulo se han aplicado ampliamente. Sin embargo, es muy difícil evaluar su posible éxito. La política regional tiene relativamente una corta historia en muchos países y raramente los objetivos han sido cuantificados con precisión. De aquí que la evaluación del éxito no sea posible en forma cuantitativa. Además, por supuesto, tal evaluación requiere el conocimiento de lo que habría ocurrido a las variaciones de la renta regional, al desempleo, etc., en ausencia de tal política. Así, se requiere un modelo completamente estudiado de desarrollo regional que incluya las variables políticas. Las influencias tanto dinámicas como estáticas, deberían incorporarse, pues parte del impacto de las políticas regionales consistirá normalmente en cambiar las características estructurales y la forma de los nexos interregionales/intersectoriales. Hasta el momento no disponemos de tal modelo operativo.

Sin embargo, aún en ausencia de tal evaluación sistemática, está claro que las políticas no han colmado las expectativas. Las desigualdades regionales persisten en todos los países. En el Reino Unido, por ejemplo, las diferencias relativas de desempleo entre las regiones son muy similares a las que había hace 35 años, a pesar del haz de medidas de política regional empleadas durante el período. La variación regional en la renta per cápita también ha sido notablemente estable en el período de posguerra. Parece probable que la desigualdad hubiera tendido a incrementarse si no hubieran existido estas políticas regionales en funcionamiento. Ciertamente algunos países como Japón, Yugoslavia y la India han visto ampliar las diferencias reales entre las rentas regionales en los años de la posguerra. La evidencia general es compatible con la tesis de Williamson, de que las desigualdades tienden, en primer lugar, a ampliarse, y luego a estrecharse a medida que el país pasa por diversos estadios de desarrollo económico (64). El problema estriba en que los estadios de desarrollo económico y las políticas establecidas no son independientes: es en los países desarrollados donde se implantan con más vigor las políticas regionales. De aquí, que parte de la tendencia hacia una mayor igualdad en países como Canadá, Suecia, Alemania Occidental y los Países Bajos debe atribuirse a los efectos de la política. Esto hace más preocupante a países como Italia, Francia y el Reino Unido, que han fracasado considerablemente en su intento de reducir las desigualdades regionales, a pesar de las costosas medidas políticas empleadas.

Tales consideraciones hacen más apropiado el terminar con un apartado de «otros temas a abordar» que con uno de «conclusiones».

En primer lugar está la cuestión del nivel apropiado de gasto de fondos públicos en medidas de política regional. Hay dos problemas: el de medir el coste neto de las medidas políticas y el de medir el coste de oportunidad del gasto. Como Needleman y Scott resaltan, gran parte del gasto de la política regional no supone un coste neto en cuanto que suministra ingresos posteriores con destino a los fondos centrales (32). Las rentas adicionales generadas por las regiones menos prósperas por los subsidios de capital y trabajo, facilidades, etc., rinden un ingreso adicional en impuestos. También la reducción del desempleo conduce a un ahorro en los gastos de bienestar. Estimar el valor de estas retroalimentaciones es un problema difícil, aunque relativamente fácil comparado con el otro paso necesario: la estimación de los costes de oportunidad. Esta estimación requiere por supuesto alguna evaluación de los rendimientos marginales de otras formas de gasto gubernamental, en vivienda, educación, ayudas a ultramar, subsidios agrícolas, «defensa», etc. Sólo entonces se está realmente en posición de argumentar en favor del incremento o de la reducción del gasto en la política regional. La distribución ideal del gasto entre fines competitivos es aquélla en la que los costes de oportunidad son iguales. Conceptualmente esta afirmación es intachable: el problema es de evaluación. Las variables involucradas están tan fundamentalmente ligadas a las consideraciones políticas y sociales que ningún economista ha intentado nunca un planteamiento completo en términos de coste-beneficio. La decisión de la distribución de los fondos públicos debe ser necesariamente política. Dada esta situación, los defensores de una política regional más fuerte deberían estar bien informados para resaltar la contribución potencial de la política regional en la ejecución de los objetivos económicos nacionales (por ejemplo, una tasa de inflación más baja para un nivel dado de desempleo) y de los objetivos políticos nacionales (por ejemplo, el mantenimiento de una unidad política interna).

Un segundo problema importante, es el de la elección de las armas. Hemos considerado brevemente los argumentos en favor de los diversos instrumentos políticos, pero en muchas circunstancias parecen ser relativamente sustitutivos entre sí. Países con problemas regionales similares han adoptado instrumentos diferentes (que van desde la mejora de infraestructuras, los controles en el desarrollo de fábricas y departamentos, las medidas para incrementar la movilidad del capital y las medidas para facilitar los problemas asociados con la movilidad laboral, hasta el emplazamiento de nuevas ciudades) y en parte es esta variedad experimental la que hace difícil fijar el impacto de las medidas individuales. Lo que vale la pena resaltar, sin embargo, es la importancia de las funciones de preferencia individual y en particular, la evidencia de incidir en la no maximización de los objetivos locacionales. Dado que las decisiones locacionales se toman por personas que buscan una satisfacción dada aunque no sea máxima, la simplicidad y claridad de los instrumentos de política regional pueden ser más importantes que su valor monetario real.

En tercer lugar, está el problema del nexo entre la planificación económica regional y la planificación física (o del uso del suelo). Obviamente, una tiene repercusiones en la otra, pero raramente hay una consideración simultánea debido a la separación de las instituciones involucradas. La planificación del uso del suelo se emprende generalmente a nivel local, mientras que la planificación económica es responsabilidad del Gobierno central.

De hecho, en países como Suecia, Noruega y Finlandia se han dado cuenta de que las unidades de gobierno locales unidos son frecuentemente demasiado pequeñas incluso para la función de la planificación del uso del suelo y no solamente para la planificación económica regional (se está procediendo a la configuración de unidades mayores, no sin protestas de las autoridades locales). Francia está en el otro extremo y sufre problemas de exceso de centralización para tomar decisiones. Las políticas tienden a formularse por las autoridades centrales, las cuales no suscitan la iniciativa ni la actividad locales. Los intentos franceses para superar este problema han sido frustrantes hasta el momento, censurados por los resultados chapuceros de la política de prosperidad del Sur y del Oeste y por los continuos problemas de unidad política. Similarmente, en el Reino Unido, los intentos para integrar la planificación local con la regional, más amplia, han tenido un éxito limitado. Mayor esperanza se ha depositado en los 8 Consejos de Planificación Regional establecidos en 1964-1965. Las responsabilidades y realizaciones de estos cuerpos han sido resumidas de forma excelente por McCrone (55), pero es evidente que el experimento ha tenido un éxito dudoso. Cada Consejo ha presentado informes recomendando desarrollos, pero estos no están coordinados y están visiblemente faltos de cálculos de costes. Los nexos de los Consejos hacia arriba con el Gobierno central y hacia abajo con las autoridades locales son débiles. Así, el problema de enlazar la planificación económica y física puede verse como un aspecto particular del problema de tomar decisiones de descentralización. La meta debe ser la de encontrar una estructura administrativa de coordinación. Este es un ideal al que deberíamos intentar aproximarnos.

El último tema es el impacto de integración en los problemas regionales. La formación de uniones, tales como la CEE, cambia la distribución espacial de las actividades económicas y limita la capacidad de cada país miembro a tratar los problemas dentro de sus propios límites. El interesante informe de la OCDE muestra cómo muchos países de la Europa occidental tienen sus propios problemas de centro-periferia (62). Verdaderamente, cuanto más amplia es el área considerada, más grandes son las diferencias en la prosperidad económica; lo que debe tacharse de región pobre dentro de una nación, puede ser rica en relación con otras naciones. De este modo, el problema regional converge con el problema de los países menos desarrollados del mundo. Si estamos dispuestos a aplicar los argumentos de equidad y eficiencia interregional a un nivel mundial más que a un nivel nacional, entonces las políticas para ayudar a los países menos desarrollados deben tener la mayor prioridad. Aceptar esta visión más amplia de los problemas regionales permite obtener una perspectiva valiosa, tanto más importante por la pérdida de perspectiva implícita de las recientes tendencias hacia las políticas aislacionistas.

Bibliografía seleccionada

OBJETIVOS DE LA POLITICA

(1) W. Isard y T. Reiner, «Regional and National Economic Planning», en *Regional Economic Planning,* ed. W. Isard y J. H. Cumberland, París, OEEC, 1961, p.p. 19-38. Este ensayo introductorio defiende la causa de la consistencia en la formulación de políticas nacionales y regionales, y también sugiere aplicaciones del análisis input-output y del análisis del complejo industrial. Otros ensayos en el mismo volumen exponen estudios concretos de planificación regional de Grecia, Italia, España, Turquía, Yugoslavia y Puerto Rico.

(2) C. L. Leven, «Establishing Goals for Regional Economic Development», *Journal of the American Institute of Planners,* 1964 (mayo), p.p. 100-110; reimpreso en J. Friedmann y W. Alonso, *Regional Development and Planning: A Reader,* Cambridge, Mass. M.I.T. Press, 1964, p.p. 581-598. Leven resalta la necesidad de especificar los objetivos explícitos en la formulación de los programas de desarrollo regional y demuestra cómo un modelo de programación lineal puede tratar los objetivos políticos alternativos.

(3) M. C. McGuire y H. A. Garn, «The integration of Equity and Efficiency Criteria in Public Project Selection» *Economic Journal,* 1969 (diciembre), p.p. 882-893. Los

autores muestran cómo puede abordarse el equilibrio entre el criterio de eficiencia y equidad. Se analizan decisiones ya efectuadas sobre asignación de fondos públicos entre proyectos regionales específicos revelando los resultados empíricos interesantes inconsistencias por parte de quienes toman las decisiones.

(4) K. Mera, «Tradeoff between Aggregate Efficiency and Interregional Equity: A Static Analysis», *Quaterly Journal of Economics,* 1967, p.p. 658-674. A diferencia del estudio de McGuire y Garn (3), este trabajo es puramente teórico. El instrumento de la caja de Edgeworth proporciona el marco para demostrar cómo el coste de seguir una política de equidad interregional puede medirse en términos de sacrificio en eficiencia agregada.

(5) E. Nevin, «The Case for Regional Policy», *Three Banks Review,* 1966 (diciembre), p.p. 30-46. Util ensayo introductorio que insiste en los factores económicos, técnicos y sociales subrayando el creciente interés por el regionalismo.

(6) H. S. Perloff, «Problems of Assessing Regional Economic Progress», en *Regional Income: Studies in Income and Wealth,* vol. 21, National Bureau of Economic Research, Princeton U. P. 1957, p.p. 35-62. Perloff expone varios índices de prosperidad regional y trata algunos de los problemas que surgen al efectuar su medición. El problema de la delineación regional se subraya también; en particular, resalta que los límites ideales cambian con el tiempo y según el problema que se está investigando. Otros estudios en el mismo volumen también tratan de la interrelación entre los problemas de definir regiones y de estimar las rentas regionales.

(7) T. Reiner, «Organising Regional Investment Criteria», *Regional Science Association: Papers and Proceedings,* 1963, p.p. 63-72. Este artículo es complementario del expuesto en (8) pero vale la pena consultarlo debido a

su sencilla exposición del método de programación lineal en la resolución de objetivos contrapuestos. También se resalta la importancia de la delineación regional: la clasificación de agrupaciones regionales influye en la dificultad de la ejecución de los objetivos específicos.

(8) T. Reiner, «Sub-national and National Planning: Decision Criteria», *Regional Science Association: Papers and Proceedings*, 1965, p.p. 107-136. Reiner muestra cómo la distribución de los fondos públicos entre las regiones puede determinarse en relación con los objetivos regionales. Demuestra, también, cómo el costo de oportunidad de las asignaciones alternativas depende del tamaño de los multiplicadores regionales agregados. Sin embargo, sus simples modelos no consideran explícitamente la posibilidad de desagregación por sectores conduciendo a diferentes valores de multiplicador.

CONTRIBUCIONES A LA ECONOMIA REGIONAL

Algunos de los mejores artículos sobre economía regional se han publicado juntos en los libros siguientes:

(9) R. D. Dean, W. H. Leahy y D. L. Mckee, *Spatial Economic Theory*, Nueva York, Free Press, 1970. Incluye artículos clásicos sobre la teoría de localización. Además del enfoque usual de equilibrio parcial se intenta proporcionar una síntesis por vía del análisis de equilibrio general.

(10) J. Friedmann y W. Alonso, *Regional Development and Planning: a Reader*, Cambridge, Mass., M.I.T. Press, 1964. Este excelente volumen contiene 35 artículos, desde la teoría de la localización hasta la teoría del desarrollo regional y la formulación de políticas regionales.

(11) L. Needleman, *Regional Analysis: Selected Readings*, Harmondsworth, Penguin Books, 1968. Otra colección útil, conteniendo, entre otras cosas el *survey* de economía regional de Meyer, el modelo de política de Chenery para el desarrollo del Sur de Italia y el estudio empírico de Williamson de las desigualdades regionales.

(12) H. Perloff y L. Wingo, *Issues in Urban Economics*, publicado por Resources for the Future Inc, Baltimore, Johns Hopkins Press, 1968). Estas selecciones se refieren a temas urbanos más que a temas de política regional. Además de los apartados sobre el crecimiento de la ciudad y del desarrollo intrametropolitano hay un apartado útil sobre el sector público. Los artículos de Margolis y Hirsch sobre la demanda y la oferta de los servicios públicos son particularmente útiles.

Los siguientes libros y artículos también contienen una materia que es directamente relevante para la formulación de la política económica regional o indirectamente aumentando nuestra comprensión del proceso de crecimiento regional.

(13) W. Alonso, *Location and Land Use: Towards a General Theory of Land Rent*, Cambridge, Mass., Harvard U. P., 1964. Después de considerar los modelos de equilibrio parcial de la unidad de consumo, la empresa y la hacienda, Alonso presenta un análisis de equilibrio de mercado. Se subraya la posición de las curvas de precios de los diferentes agentes económicos, proporcionando una idea de cómo la demanda de accesibilidad influye en las formas intraurbanas y del uso del suelo.

(14) M. Beckman, *Location Theory*, Nueva York, Random House, 1968. Beckman limita su alcance a la microeconomía espacial y utilizando lo que él llama un en-

foque de «intuición geométrica», intenta desarrollar una teoría general de la asignación de actividades económicas en el espacio. Sin embargo, los resultados son fragmentarios, si bien los análisis parciales de localización industrial y del uso del suelo son valiosos.

(15) M. L. Greenhut, *A Theory of The Firm in Economic Space,* Nueva York, Appleton-Century Crofts, 1970. Es una valiosa fusión de la teoría de localización con el análisis microeconómico, extendiendo algunos de los recientes trabajos del autor sobre la localización de máximo beneficio.

(16) H. Hotelling, «Stability in Competition», *Economic Journal,* 1929 (marzo), p.p. 41-57; reimpreso por R. D. Dean, W. H. Leahy y D. L. McKee, *Spatial Economic Theory,* Nueva York, Free Press, 1970 y en American Economic Association, *Readings in Price Theory,* Londres, Allen & Unwin, 1953. Un artículo pionero que muestra la interrelación entre la competencia de precios y la localización, en el caso de duopolio.

(17) W. Isard, *Location and the Space Economy,* Cambridge, Mass., M.I.T. Press, 1956. Una referencia clásica sobre la teoría de localización. Isard subraya el papel del transporte de los factores, e intenta sintetizar las consideraciones sobre ingresos y costes en una teoría general de localización.

(18) E. J. Mishan, *The Costs of Economic Growth,* Londres, Staples Press, 1967. Este libro no se interesa centralmente por la política regional, aunque contiene un apartado que trata de los problemas urbanos. Su valor consiste en mostrar, entre otras cosas, cómo el abstenerse de tratar externalidades conduce a situaciones no óptimas. El estilo fluctúa entre exposiciones formales de economía de bienestar y reflexiones personales sobre tendencias sociales y económicas.

(19) G. Myrdal, *Economic Theory and Underdeveloped Regions,* Londres, Methuen, 1957. Es una simple exposición del papel de la causalidad circular o cumula-

tiva en las desigualdades regionales perpetuadas. Myrdal tiene relativamente poco que decir sobre políticas para contradecir este proceso, porque ve el papel del estado como una parte integral del mismo. Para una opinión menos pesimista, con propuestas específicas para contradecir los problemas centro-periferia, véase Friedmann (60).

(20) G. M. Neutze, *Economic Policy and the Size of Cities*, Canberra, Australian National U. P., 1965. El mejor estudio empírico sobre costes de congestión. Las conclusiones son provisionales pero confirman el concepto de tamaño óptimo urbano que se sitúa para una población entre 200 mil y un millón.

(21) D. C. North, «Location Theory and Regional Economic Growth», *Journal of Political Economy*, 1955 (junio), p.p. 243-258; reimpreso por J. Friedmann y W. Alonso, *Regional Development and Planning: A Reader*, Cambridge, Mass., M.I.T. Press, 1964. North aplica el concepto de base económica al nivel regional en un intento de explicar el papel crucial de las exportaciones en el crecimiento regional. Sugiere que con ello se obtiene una mejor interpretación de la experiencia americana, de la que resulta de los modelos que se concentran en las etapas de desarrollo regional.

(22) H. O. Nourse, *Regional Economics*, Nueva York y Londres, McGraw-Hill, 1968. Texto introductorio. Nourse supone pocos conocimientos de economía y explica las técnicas analíticas generales antes de tratar las aplicaciones regionales específicas. El resultado es que no cubre mucho campo comparado, por ejemplo, con el texto de Richardson (23).

(23) H. W. Richardson, *Regional Economics*, Londres, Weidenfeld & Nicolson, 1969. Es una excelente *survey* de teoría económica regional. Trata de la teoría de localización, de la estructura urbana, de la renta y del crecimiento regionales, para finalizar con dos útiles

capítulos sobre política. (La Editorial Vicens-Vives está preparando la edición española de esta obra, que aparecerá en breve.)

(24) H. Siebert, *Regional Economic Growth: Theory and Policy,* Londres, International Textbook Company, 1969. Un intento ambicioso de formular una teoría general de crecimiento regional. Los dos capítulos sobre temas de política no están bien integrados con el resto del libro, pero vale la pena consultarlo por su discusión de objetivos interrelacionados y criterios de decisión para políticas regionales.

(25) A. Smithies, «Optimun Location in Spatial Competition» *Journal of Political Economy,* 1941 (junio), p.p. 423-439; reimpreso por R. D. Dean, W. H. Leahy y D. L. Mckee, *Spatial Economic Theory,* Nueva York, Free Press, 1970 y en American Economic Association, *Readings in Price Theory,* Londres, Allen & Unwin, 1953. Reformulación del análisis de Hotelling (16). Abandonando el supuesto de demanda inelástica reduce la tendencia de los competidores a agruparse en el centro del mercado. Además, se demuestra cómo la forma de la localización de equilibrio depende de las tarifas de transporte, pero éstas se consideran sólo con respecto al transporte de los productos: el coste del transporte de los factores es ignorado.

(26) C. M. Tiebout, «Exports and Regional Economic Growth», *Journal of Political Economy,* 1956 (abril), p.p. 106-169; reimpreso por J. Friedmann y W. Alonso, *Regional Development and Planning: A Reader,* Cambridge, Mass., M.I.T. Press, 1964. Es una réplica a North (21). Tiebout dice que la teoría con base en la exportación puede incorporarse a una teoría más general de determinación de la renta, y que al no hacerlo así se pone demasiado énfasis en las exportaciones, descuidándose otros estímulos de crecimiento.

(27) G. C. Archibald, «The Phillips Curve and The Distribution of Unemployment», *Papers and Proceedings of the American Economic Association,* 1969 (mayo). Usando técnicas de regresión, Archibald encuentra que la incorporación de una variable de dispersión regional incrementa la capacidad para explicar las tasas de inflación en términos de paro. De ello sigue que las políticas para reducir las diferencias de desempleo regionales pueden ayudar a cambiar la curva nacional de Phillips hacia la izquierda.

(28) P. A. Bird y A. P. Thirlwall, «The Incentive to Invest in the New Development Areas», *District Bank Review,* 1967 (junio), p.p. 24-45. Es principalmente una discusión sobre el valor de los incentivos políticos regionales introducidos en el Reino Unido en 1966, después del impuesto. Los autores concluyen que los nuevos alicientes de las empresas, para trasladarse a regiones menos prósperas son probablemente un poco más eficientes que los previamente ofrecidos y recomiendan que se dé más importancia a las mejoras de infraestructura.

(29) G. H. Borts, «Criteria for evaluation of Regional Development Programmes», en W. Z. Hirsch, *Regional Accounts for Policy Decisions, Baltimore,* Johns Hopkins Press, 1966. Borts defiende que se escoja entre políticas según la tasa social de rendimiento de la inversión. Esta se define —aunque es de lamentar que no se discuten alternativas—, en términos de producto nacional. Se demuestra luego que tal criterio favorece los subsidios laborales más que los de capital en las políticas regionales, pero esto sólo se deduce si la oferta de capital se considera perfectamente elástica y la de trabajo perfectamente inelástica.

(30) C. Clark, «Industrial Location and Economic Potencial», *Lloyds Bank Review,* 1966 (octubre), p.p. 1-17.

El concepto de potencial económico tiene una larga historia en el énfasis regional. Al aplicarlo al Reino Unido, Clark defiende un sistema de impuestos y subsidios diferenciados regionalmente en las nóminas. Las propuestas del estudio del Partido Laborista (51) derivan de él.

(31) C. P. Harris y A. P. Thirlwall, «Inter-regional Variations in Cyclical Sensitivity to Unemployment in the U. K. 1949-64», *Bulletin of the Oxford Institute of Economics and Statistics*, 1968, p.p. 55-66. Los autores aplican las técnicas de normalización con el intento de distinguir entre las causas inter-industria e intra-industria de diferencias en la inestabilidad regional. Se demuestra que los últimos efectos dominan, sugiriendo que la «estructura industrial» es una explicación relativamente pobre de la amplitud de los ciclos regionales.

(32) L. Needleman y B. Scott, «Regional Problems and the Policy of Attracting Industry to the Peripheral Regions of Britain», en *The Lothians Regional Survey and Plan*, Edimburgo, H.M.S.O., 1966. Este y los artículos similares de Needleman en *Urban Studies*, 1964 (enero) y *Lloyds Bank Review*, 1965 (enero), proporcionan un fuerte soporte para la política de llevar los trabajadores al trabajo. Se hacen también cálculos toscos para mostrar que la escala de gasto en los instrumentos políticos es antieconómica.

(33) H. W. Richardson y E. G. West, «Must We Always Take Work to the Workers?», *Lloyds Bank Review*, 1964 (enero), p.p. 35-48. Bajo un punto de vista opuesto al de Needleman y Scott (32), se defiende el prestar mayor atención a la movilidad laboral. Los autores afirman que ésta es una forma efectiva de reducir el desempleo, al menos en los casos en los que el nivel de desempleo total sea relativamente bajo.

(34) A. P. Thirwall, «Migration and Regional Unemployment», *Westminster Bank Review*, 1966 (noviembre),

p.p. 31-44. Es otra contribución a la controversia del capital versus movilidad laboral. Thirwall se concentra en la interacción entre las distribuciones de la oferta y la demanda laborales. Demuestra cómo la migración laboral interregional puede tener efectos expansionistas en las regiones actualmente más prósperas y concluye que la reducción de las diferencias de desempleo regional puede requerir políticas que realmente restrinjan los movimientos laborales.

(35) A. P. Thirwall, «Regional Phillips Curves», *Bulletin of the Oxford Institute of Economics and Statistics*, 1970 (febrero), p.p. 19-32. Este artículo y otro de Thirwall en el *Yorkshire Bulletin of Economic and Social Research* (1969), tienen un propósito similar al del estudio de Archibald (27), cuya intención es evaluar la contribución potencial que para las políticas nacionales contrainflacionistas suponen las reducciones en las diferencias de desempleo regional. Sin embargo, el enfoque está más desagregado y aunque los resultados confirman que una distribución de desempleo más nivelada reduciría la inflación, Thirwall concluye que el abandono de los convenios colectivos nacionales tendrá un efecto más sustancial.

Además de estos artículos, hay discusiones útiles sobre la estrategia de la política económica regional en McCrone (55) y en Richardson (23).

TECNICAS DE PLANIFICACION

(36) G. C. Archibald, «Regional Multiplier Effects in the U. K.», *Oxford Economic Papers*, 1967 (marzo), p.p. 22-45. El conocimiento de los valores del multiplicador regional ayuda a señalar el impacto sobre la demanda agregada de las inyecciones en la economía regional. Archibald se basa en parte en «empirismo

de sillón» para derivar el intervalo posible de valores mínimos para las regiones británicas. El problema que surge con el concepto del multiplicador agregado estriba en que no puede tener en cuenta el hecho de que los efectos del multiplicador varían de acuerdo con el sector en el que se da la inyección.

(37) B. R. Berman, B. Chinitz y E. M. Hoover, *Projection of a Metropolis,* Technical Supplement to the New York Metropolitan Region Study, Cambridge, Mass., Harvard U. P., 1961. Constituye un buen ejemplo del uso de las técnicas aplicadas a la población y al empleo. Se efectúan previsiones para el crecimiento agregado y su distribución intrarregional.

(38) J. R. Boudeville, *Problems of Regional Economic Planning,* Edimburgo, U. P., 1966. Se consideran muchas técnicas de planificación diferentes, con particular énfasis sobre la importancia de la delineación regional. Los dos últimos capítulos describen la planificación regional de Francia.

(39) J. B. Cullingworth y S. C. Orr, *Regional and Urban Studies,* Londres, Allen & Unwin, 1969. Es una colección útil de artículos sobre planificación regional. Se incluyen temas sobre la planificación del mercado laboral, la proyección de la población y el empleo, mercados de la vivienda y la planificación del transporte urbano.

(40) F. B. Gillie, *Basic Thinking in Regional Planning,* La Haya, Mouton, 1967. Es una guía nada técnica para los planificadores que incluye mucho sentido común pero poco análisis económico.

(41) C. D. Harris, «Methods of Research in Economic Regionalisation», *Geographia Polonica,* 4: *Methods of Economic Regionalisation,* Varsovia, 1964, p.p. 59-86. Es un *survey* general de las técnicas para definir regiones. Otros artículos en el mismo volumen proporcionan interesantes estudios sobre casos concretos.

(42) W. Isard, *Methods of Regional Analysis,* Cambridge,

Mass., M.I.T. Press, 1960. Es el texto *standard* sobre técnicas. Incluye capítulos sobre la proyección de la población y la migración, contabilidad social y la balanza de pagos a nivel regional, análisis del multiplicador, el análisis input-output, el análisis de complejo industrial y la programación lineal intrarregional.

(43) W. Isard, E. W. Schooler y T. Vietorisz, *Industrial Complex Analysis and Regional Development*, Cambridge, Mass., M.I.T. Press, 1959. El análisis de complejo industrial enfoca la atención en la relación entre los sectores industriales y la necesidad varia de proximidad locacional. La mayor parte del libro se interesa por la selección de grupos industriales ligados, aconsejables para su establecimiento en Puerto Rico.

(44) E. Nevin, A. R. Roe y J. I. Round, *The Structure of the Welsh Economy*, Welsh Economic Studies n.º 4, Cardiff, 1966. Constituye un ejemplo interesante de cómo construir una tabla input-output con datos incompletos.

(45) D. B. Steele, «Regional Multipliers in Great Britain», *Oxford Economic Papers*, 1969 (julio), p.p. 268-292. Es un intento de estimación de los multiplicadores para las regiones británicas con diversos datos de flujos de fletes interregionales, revelándose algunas diferencias interesantes y confirmándose en general las anteriores estimaciones de Archibald (36). La crítica principal debe referirse al supuesto de que las relaciones valor/peso son idénticas para todas las regiones.

(46) A. P. Thirlwall, «A Measure of the Proper Distribution of Industry», *Oxford Economic Papers*, 1967 (marzo), p.p. 46-58. Thirlwall describe la técnica *shift and share analysis:* ver también Perloff, Dunn, Lampard y Muth (63). Al aplicarlo a las regiones británicas encuentra que hay una evidencia relativamente pequeña para sugerir que la política regional ha sido un éxito en asegurar «una conveniente distribución de la industria».

POLITICA REGIONAL EN PAISES INDIVIDUALES

Hay numerosos estudios sobre el Reino Unido y las regiones que lo constituyen que no reflejan tanto la intensidad del problema como la historia de la intervención y la variedad de los instrumentos políticos ensayados. Los informes de los bancos privados contienen muchos artículos de política regional, alguno de los cuales ya ha sido aludido. Los que siguen se han tomado de otras fuentes, y, en conjunto, ofrecen ideas valiosas al respecto.

(47) A. J. Brown, «Survey of Applied Economics: Regional Economics, with Special Reference to the United Kingdom», *Economic Journal,* 1969 (diciembre), p.p. 759-795. El artículo de Brown resume la valiosa investigación emprendida por el National Institute of Economic and Social Research, así como otros estudios sobre el problema regional en el Reino Unido.

(48) J. R. Cable, «Regional Policy and The Location of Industry», en *The U. K. Economy: A Manual of Applied Economics,* ed. A. R. Prest, Londres, Weidenfeld & Nicolson, 1966, p.p. 166-171. Es un breve resumen de la política en el Reino Unido y sus posibles críticas, siendo útil porque considera las implicaciones de no maximizar las elecciones locacionales para la elección de los instrumentos políticos.

(49) G. C. Cameron y B. D. Clark, *Industrial Movement and the Regional Problem,* University of Glasgow Social and Economic Studies, Occasional Paper n.° 5, Edimburgo, Oliver & Boyd, 1966. Es un informe sobre el principal *survey* relativo a las empresas con movimiento. El mayor énfasis se pone en las causas del movimiento y la naturaleza de la elección locacional, más que en el éxito (o fracaso) de los movimientos.

(50) Confederation of British Industry, *C. B. I. Regional Study: Regional Development and Distribution of Industry Policy,* 1968 (septiembre). El enfoque general está predeciblemente sesgado en favor de remover las trabas al desarrollo industrial. Además como se apuntó en el texto, la argumentación no es totalmente consistente. No obstante proporciona una interesante crítica de las políticas actuales.

(51) Labour Party, *Report of the Study Group on Regional Planning Policy,* Londres, Transport House, 1970. Es la publicación más reflexiva de los partidos políticos. La propuesta principal es hacer un sistema de zona del género discutido por Brown en su nota de disidencia al Hunt Report (57), con incentivos y contraincentivos, principalmente bajo la forma de impuestos sobre nóminas y de subsidios. Propone también incrementar el uso del sector público en la política regional, incluyendo medidas tales como extender las propiedades públicas; medida que bien pudiera aparecer menos atractiva a la otra parte de la Cámara.

(52) D. Law, «Industrial Movement and Locational Advantage», *Manchester School,* 1964 (mayo), p.p. 131-154. Este informe sobre una pequeña muestra de empresas que han establecido fábricas en el Norte de Irlanda, complementa los estudios más amplios de Loasby (53) y Luttrell (54). En particular confirma el enfoque negativo a moverse (principalmente en respuesta a déficits laborales o dificultades con los locales), aunque los resultados (en términos de beneficio relativo) fueran satisfactorios.

(53) B. J. Loasby «Making Location Policy Work», *Lloyds Bank Review,* 1967 (enero), p.p. 34-47. La encuesta de Loasby sobre 200 empresas trasladadas de Birmingham a Areas Desarrolladas y a áreas de recepción de deshechos revela muchas características de la elección locacional. En particular, resalta que los movimientos se realizan usualmente como respuesta a situaciones

de crisis, que los procedimientos de examen son extremadamente limitados y que se da más importancia a los costes iniciales que a los costes a largo plazo para lugares alternativos.

(54) W. F. Luttrell, *Factory Location and Industrial Movement*, Londres, N.I.E.S.R., 1962. Este es el informe que ofrece mayor investigación sobre la causa, el proceso y las consecuencias de la elección locacional de empresas británicas seleccionadas. El volumen 1.º es una discusión general de los resultados de la investigación, mientras que el volumen 2.º está lleno de detalles sobre estudios de casos industriales concretos.

(55) G. McCrone, *Regional Policy in Britain*, University of Glasgow Social and Economic Studies, Londres, Allen & Unwin, 1969. El libro más sobresaliente sobre política regional británica. McCrone describe el desarrollo político y discute los méritos y los deméritos de los diversos instrumentos usados. Se pone especial atención en el caso de la política de un área de desarrollo, los problemas de planificación regional y la posible entrada en el Mercado Común. Hay también un capítulo de teoría económica regional, que es útil aunque venga ampliamente desconectado del resto del texto.

(56) R. J. Nicholson, «The Regional Location of Industry», *Economic Journal*, **LXVI**, 1956, p.p. 467-481. Este artículo queda ahora muy atrasado, pero constituye un serio intento para señalar la pérdida de eficiencia causada por las políticas regionales que se interponen en la localización libre de la empresa. Sin embargo, su argumento de que las industrias con bajos coeficientes de localización son las más adecuadas para una relocalización, es sospechoso; las industrias dispersadas espacialmente pueden ser las que sirven a un mercado puramente local cuyo producto debido al alto costo de transporte por unidad, o por su naturaleza (por ejemplo, servicios), no es transportable. Las industrias

más propias para el movimiento que suponen las políticas de diversificación regional serán las que sirvan a áreas de mercado más amplias y éstas pueden generalmente ser las que estén más localizadas en función de razones económicas e históricas varias.

(57) *Report of the Committee on the Intermediate Areas* (The Hunt Report), Cmnd **3998,** Londres, H.H.S.A., 1969. Constituye la revisión total más reciente del problema regional del Reino Unido y en particular de las dificultades descubiertas por las «áreas grises». Aunque no por primera vez en los informes de un comité del Reino Unido, la mejor parte se encuentra en las notas finales de desacuerdo. Es aquí donde Brown razona el caso, entre otras cosas, para un enfoque más amplio de la política regional, incluyendo la introducción de impuestos de congestión en áreas donde hay una congestión física al igual que una presión en el mercado laboral.

También hay un considerable volumen de material publicado sobre política regional en otros países. Se ha hecho referencia a algunos casos estudiados por Friedmann y por Alonso (10), p.p. 716-718. Otros estudios de área en desarrollo, con predisposición a demostrar la aplicación de modelos formales, se pueden encontrar en *Papers y Proceedings of the Regional Science Association* y en el *Journal of Regional Science.*
A continuación se da una pequeña, aunque equilibrada, selección de obras.

(58) K. Allen y M. C. Maclennan, *Regional Problems and Policies in Italy and France,* University of Glasgow Social and Economic Studies, Londres, Allen & Unwin, 1970. Los problemas regionales en Italia y en Francia se centran más fuertemente en problemas de subdesarrollo que en el Reino Unido, siendo estos problemas particularmente agudos en Italia debido a

la mayor densidad de población de las regiones atrasadas. El desarrollo de las políticas está claramente explicado, comparándolo preferentemente con la experiencia británica.

(59) T. N. Brewis, *Regional Economic Policies in Canada,* Toronto, Macmillan, 1969. Canadá hace frente a un problema regional que en términos de diferencias de rentas y de desempleo, es mayor que en muchas naciones europeas. Brewis describe, entre otras cosas, los problemas particulares con los que se enfrentan las provincias del Atlántico y las diversas medidas introducidas para asegurar un desarrollo regional más equilibrado. El éxito ha sido limitado y la asociación entre la desigualdad de oportunidades y los grupos étnicos introduce una dimensión adicional lamentable al problema regional.

(60) J. Friedmann, *Regional Development Policy: A Case Study of Venezuela,* Cambridge, Mass., M.I.T. Press, 1966. La primera parte de este libro se preocupa por el desarrollo regional. La tesis de Friedmann es que la organización espacial de la economía cambia con el estadio de desarrollo nacional y que la política sobre el desarrollo de las naciones requiere que se reconozca la distinción del centro-periferia introducida por Myrdal (19). La segunda parte aplica estos principios conceptuales a la economía venezolana, resaltando la necesidad de un canal de inversión en las regiones «centrales», en un intento para impedir tendencias hacia el desequilibrio regional.

(61) F. Meyers (ed.), *Area Redevelopment Policies in Britain and the Countries of the Common Market,* U. S. Department of Commerce and Area Redevelopment Administration, Washington, U. S. Government Printing Office, 1965. Es una colección útil de ensayos sobre políticas en países individuales, aunque ahora está un poco atrasada. El ensayo de Klaassen sobre los países del Benelux, citado anteriormente en rela-

ción con la discusión de los problemas de congestión, está incluido aquí.

(62) Organisation for European Co-operation and Development, *The Regional Factor in Economic Development,* París, OCDE, 1970. Es la evaluación más reciente de las medidas de política regional de la Europa occidental. Como informe de progreso, es alentador, pero hay importantes salvedades concernientes, entre otras cosas, a las lagunas en los resultados, a los continuos problemas de congestión asociados con la atracción que ejercen las grandes ciudades y a la importancia del sector terciario.

(63) H. S. Perloff, E. S. Dunn, Jr., E. E. Lampard y R. F. Muth, *Regions, Resources and Economic Growth,* publicado por Resources for the Future Inc., Baltimore, Johns Hopkins Press, 1960. Es el principal estudio de desarrollo económico de los EE. UU. desde 1870. Pretende explicar las fuerzas que subyacen en las tendencias de las rentas regionales medias. Se hace uso recurrente del procedimiento de estandarización conocido como *shift and share analysis,* que se utiliza para separar cambios proporcionales (que reflejan la estructura regional) de efectos diferenciales (que tienen un carácter residual).

(64) J. G. Williamson, «Regional Inequality and the Process of National Development: A Description of the Patterns», *Economic Development and Cultural Change,* **XIII,** 1965, p.p. 3-45. Constituye un excelente estudio empírico de las desigualdades regionales de la renta per cápita en varios países. Se utilizan tanto los enfoques «cross-section» como los de series temporales confirmando ambos métodos las tendencias de las desigualdades regionales, a incrementarse primero y a decrecer después con el proceso del desarrollo nacional. El principal problema estriba en que el efecto en las desigualdades regionales de la intervención gubernamental no está aislado.